Ich,
Jeshua ben Yusuf
aus Nazareth, genannt
Jesus

Die Geschichte meines Wirkens,
für heute erzählt

Kapharnaum 2021

"Wahrlich, ich sage euch: Wer mein Wort hört und glaubet dem, der mich gesandt hat, der hat das ewige Leben und kommt nicht in das Gericht, sondern er ist vom Tode zum Leben hindurchgedrungen."
Formuliert vom Evangelisten Johannes (Kap.5,24)

TWENTYSIX – Der Self-Publishing-Verlag
Eine Kooperation zwischen der Verlagsgruppe Random House und Books on Demand
© 2021 Ben Yusuf, Jeshua (Hg. Valeria Szebinski)
© 2021 ValenTin Szebinski (Ikone)
Herstellung und Verlag: BoD – Books on Demand, Nor-derstedt
ISBN: 978-3-7407-8172-9

Inhalt

1   Der Aufbruch   **7**
  1.1   Wie alles begann   *7*
  1.2   Was für ein Mann!: Der Täufer   *10*
  1.3   Mit 30 sollte man sich fragen…   *16*
  1.4   In der Wüste   *18*

2   Das Reich Gottes ist nahe   **22**
  2.1   Die Wasserpredigt   *22*
  2.2   Fischer und Fischen   *25*
  2.3   „Jesus, hilf mir!"   *28*
  2.4   Der unreine Geist   *31*
  2.5   Meine Antrittspredigt in Nazareth   *34*
  2.6   Maria aus Magdala   *38*
  2.7   Aussatz! Ein tödliche Diagnose   *43*
  2.8   Der Hauptmann und der Befehl   *45*
  2.9   Ein Loch zum Himmel   *47*
  2.10 Levi, der Hintertriebene   *50*

3   Unterwegs in Galiläa   **52**
  3.1   Zwölf Freunde, die gerne feiern   *52*
  3.2   Macht Wasser sauber oder rein?   *54*
  3.3   Predigt am Berg   *56*
  3.4   Lazarus und der reiche Mann   *58*
  3.5   Unter freiem Himmel   *60*
  3.6   Der Herr und der Betende   *60*
  3.7   Reich Gottes und unser Vater   *64*
  3.8   Liebe, Frieden und Feinde   *67*
  3.9   Gegen die Traditionen   *69*
  3.10 Der heilige Tag und der Krüppel   *70*

4   Meine Geschichten in Galiläa   **73**
  4.1   Der sehnsüchtige Vater   *73*
  4.2   Gleichnisse verstehen?   *77*
  4.3   Die Barmherzigkeit des Fremden   *79*
  4.4   Von einem, der aus Güte nichts lernte   *81*
  4.5   Schuld und der Turm von Siloah   *83*
  4.6   Der Feigenbaum und Gottes Geduld   *84*
  4.7   Du bist bei Gott eingeladen   *85*

5   Heilsame Begegnungen   **86**

   5.1   Der rasende Mann   *86*

   5.2   Männer, Frauen, Familie   *88*

   5.3   Die trauernde Witwe   *90*

   5.4   Die Aussendung der Mitarbeiter   *91*

   5.5   Zu Gast bei Maria und Martha   *93*

   5.6   Sich Sorgen machen   *94*

   5.7   Der reiche Kornbauer   *95*

   5.8   Die Syrophönizierin   *96*

   5.9   Ein tauber und ein blinder Mann   *98*

   5.10 Ein Zeichen vom Himmel   *100*

   5.11 Exorzismus?   *101*

6   Auf dem Weg in die Hauptstadt   **102**

   6.1   Mein Image   *102*

   6.2   Die Wüste und die Macht   *104*

   6.3   Petrus, Kreuz und Sturm   *106*

   6.4   Im Lichte des Vaters   *108*

   6.5   Wie fließt die Kraft?   *110*

   6.6   Der gequälte Junge   *112*

   6.7   Die Dankbarkeit des Samariters   *114*

   6.8   Kinder und Gott   *115*

   6.9   Der reiche junge Mann   *116*

   6.10 Scheidung?   *117*

   6.11 Zachäus in Jericho   *119*

   6.12 Die anvertraute Wahrheit   *121*

   6.13 Bartimäus   *123*

   6.14 Macht!   *124*

   6.15 Das Reich Gottes   *127*

7   Stadt Gottes, Davids und der Römer   **129**

   7.1   Der Weg in das Zentrum der Macht   *129*

   7.2   Der Messias   *133*

   7.3   Im Tempel   *135*

   7.4   Endzeit für Jerusalem   *137*

   7.5   Auferstehung? Unsinn!   *139*

   7.6   Freiheit oder Frieden?   *142*

   7.7   Jerusalemer Botschaften   *146*

   7.8   Anvertraut   *147*

7.9	Verschlafe den Zeitpunkt nicht!	149
7.10	Schafe oder Böcke?	150
7.11	Steinigen?	151
8	**Der lange Weg zum Ende**	**153**
8.1	Freundschaft und Verrat	153
8.2	Die letzte Chance zu fliehen	155
8.3	Gefangen	157
8.4	Angst oder Standhaftigkeit?	158
8.5	Gottes Bote oder Gotteslästerer	159
8.6	In den Mühlen der Macht	161
8.7	Gott und Galgen	165
8.8	Tod – ja, ich starb	169
9	**Alles neu!**	**170**
9.1	Zeugenberichte	170
9.2	Verstörende Begegnungen…	171
9.3	Mein Geist und meine Freunde	176
9.4	Meine Gegenwart	178
10	**Erzählende Bilder**	**181**
11	**Dieses Buch und ich: Valeria Szebinski**	**182**
	Stichwort- und Namensindex	**186**

„CoronaDornenKronen Jesus und lächelnder mitteleu-
ropäischer Messiastyp 2021", ValenTin Szebinski

1 Der Aufbruch

1.1 Wie alles begann

Über mich sind viele Geschichten im Umlauf und die Frage „Wie war es wirklich?" höre ich oft. Vor 2000 Jahren trat ich zum ersten Mal öffentlich auf. Heute wäre eine gute Zeit, etwas Authentisches zu schreiben. Zur Niederschrift meiner Geschichte in meinen eigenen Worten greife ich auf einen Ghost-Writer zurück. In meinem Fall einen Holy-Ghost-Writer, genauer, eine Ghostwriterin? Warum eine Frau? Weil Frauen besser zuhören können.

Neue Geschichten bringe ich nicht. Die entscheidenden blieben erhalten und für die Regenbogenpresse arbeite ich nicht. Ich möchte auch übereifrigen Frommen und profilsüchtigen Professoren kein neues Streitfeld präsentieren. In der Regel überging ich das, was nicht zutraf, einfach unkommentiert. Wen die Schreibweise interessiert: Wenn es nicht anders nötig war, ließ ich die Form so schreiben, wie es in der Tradition der Leser geläufig ist. Auch bei meinem Namen machte ich nur wenige Ausnahmen, die verdeutlichen, wie man mich zuhause nannte.

Über meine Geburt weiß ich nichts. Meine Mutter führte kein Tagebuch. Sie konnte nicht schreiben, aber sonst eine ganze Menge. Schließlich waren wir zum großen Teil Selbstversorger. Zudem sorgten wir Kinder dafür, dass sie wenig Muse hatte. Vor allem Jakobus mit seinem Dickschädel machte ihr immer wieder zu schaffen. Aber auch wir anderen. Gerne erzählte sie, wie ich mir das Bein aufschürfte und sie mich verarzten musste, oder wie ich weinte, als mein Lieblingslamm starb. Ich war ein normales Kind, Wundergeschichten hörte ich von ihr nicht.

An meine Bar Mizwa erinnere ich mich gut. Meine Eltern orientierten sich an den jüdischen Riten gemäß der Thora. Als „Sohn einer jüdischen Mutter" zählte man mich zum „Samen Abrahams" und beschnitt mich entsprechend als Baby. Als ich älter wurde, unterwies mich mein Vater in die geläufigen Gesetze. Die Bar

Mizwa nannte man bei uns Bar Onuschin. Sie signalisierte den Zeitpunkt meines Erwachsenwerdens. Ich war kein Kind mehr. Ich gehörte zu den Erwachsenen, als ich endlich ein „Sohn des Gesetzes" wurde, dem auch entsprechende Strafen drohten. Ich nahm das Leben ernst, jetzt wurde ich auch ernst genommen.

Die Bar Mizwa verband meine Familie mit dem Besuch des Tempels in Jerusalem. Ich fand das spannend, mit all den Leuten, die des Passahfestes wegen aus unserer Gegend zum Tempel nach Jerusalem zogen. Es waren viele Jungen im gleichen Alter dabei. Da war immer was los. Nach vier Tagen und 150 Kilometern erreichten wir ziemlich geschafft unser Ziel.

Jerusalem beeindruckte uns Jungens vom Land: Eine echte Großstadt. Leute in bunten Gewändern wimmelten auf den Straßen. Fremdländische Besucher mit eigenartigen Sprachen drängten sich durch die engen Gassen. Auf den Tischen der Basare lagen seltsame Dinge, für die uns das Geld fehlte. Aber ich sog sie mit meinen jugendlichen Augen ein. Wenn ich größer würde, würde ich... Sehnsüchte erwachten.

Durch die vollgestopften Gassen erreichten wir den Tempel. Mein Vater fasste mich an der Hand und führte mich in den Bereich der Männer. Endlich erwachsen! Überall unterhielten sich Männer lebhaft gestikulierend in kleinen Gruppen. Ich stellte mich dazu. Manchmal brachte ich auch meine Meinung ein. Den Blicken nach zu urteilen argumentierte ich gar nicht so ungeschickt.

Was für ein Ort! Ich fühlte mich wie zuhause. Kein Wohnzimmer, natürlich, aber eine Atmosphäre, die meine Seele ansprach. Dieser Ort hat in besonderer Weise mit Gott zu tun, mit Jahwe, unserem Herrn, Adonai. Für mich war Jahwe so etwas wie ein Vater. Ich fühlte mich wie sein Sohn.

Später unterstellten religiöse Lehrer, der „Herr", Adonai sei eine Konkurrenz zu meinem leiblichen Vater Joseph gewesen. So ein Unsinn! Das erzählen Leute, die glauben, dass Gott so ähnlich wie sie sei, genauso kleinkariert, und irgendwie mehr Mensch als Gott. Am härtesten reden die, die selber keine Kinder haben, keine offiziellen zumindest, die frommen Männer mit dem Zölibat. Mit ihren verklemmten Phantasien kastrierten sie für das religiöse Volk meinen irdischen Vater: Nach ihrer Geschichtsbereinigung führte er eine „Josephsehe", eine Ehe ohne Sex. Für einen anständigen Mann ist das ein No-Go! Was für eine Beleidigung meiner Mutter. Das nehme ich ihnen übel!

Der Gott der Spießer wirkt in meinen Augen klein bis kleinlich. Wenn der Mensch die Krone der Schöpfung ist, dann ist der Gott der Spießer ein Krönchen aus Holz, ein lignum in coronam. Im Namen dieses „Göttchens" greifen die Spießer ihrerseits die Menschen mit einem großen Horizont an, also Leute, denen die Kleinbürger das Wasser nicht reichen konnten.

In den letzten Jahrtausenden lernte ich Menschen zu fürchten, die aus mir etwas anderes als einen normalen Menschen machen wollten. Jeder vernünftige Mensch muss sich doch fragen: Weshalb sollte ich als Mensch auf die Welt kommen, wenn ich es dann nicht bleiben würde? Es gibt Menschen, die gerne wie Gott wären. Ich gehöre nicht dazu. Ich war gerne Mensch.

Ich bin auch kein Ödipus, der versuchen musste, seinen Vater zu ermorden, um an seine Stelle zu treten. Mein Vater Joseph war voll in Ordnung. Seine Beziehung zu meiner Mutter sorgte dafür, dass ich noch eine Menge Geschwister bekam. Soviel zum Thema „Josephsehe". Wenn ich von meinem himmlischen Vater oder so reden, dann wertet das nie meinen leiblichen Vater ab.

Papa war zum Glück ziemlich normal und hegte im Übrigen auch aller „frommen" Nachrede zum Trotz kein Misstrauen hinsichtlich der ehelichen Treue meiner Mutter. Sollte ich ihm vorwerfen, dass wir nie aus unserem winzigen Nazareth heraus kamen? Das ging jedem so. Später stellte er sich mir auch nicht in den Weg, als ich in die weite Welt oder zumindest ins weite Galiläa hinaus zog. Er versorgte mich auch mit einer guten Lebenseinstellung. „Schau dir die Menschen an", pflegte er zu sagen, „schau sie dir einzeln an. Jeder ist eine ganze Welt für sich." Was meinte er damit? Er war geprägt durch das harte Leben in unserer Gegend zwischen Bergen und Tälern. Seine Haut fühlte sich grob an. Sein Gesicht zeugte von den Anstrengungen des Lebens. Aber er spürte dem Wesen der Menschen nach, mit denen er zu tun hatte. Er wusste, dass nicht nur in ihm, sondern in allen sich viel abspielte, was niemand mitbekam. „Wenn du durch den Wald gehst, gibt es so vieles, was du hinter den Bäumen nicht siehst, was du zwischen den Blättern nicht siehst, was sich hinter der Rinde verbirgt, was zwitschert, aber nicht zu hören ist, was rauscht, aber sich den Blicken entzieht. So ist jeder Mensch, mein Sohn! Eine Welt für sich, von dem ganz vieles den anderen verborgen ist." Eines Tages weihte er mich in den nächsten Gedankenschritt ein: „Jeder Mensch ist eine Welt, die mit seiner Geburt entsteht und mit seinem Tod untergeht. Darum heißt es im Psalm: ‚Herr, lehre uns bedenken, dass wir sterben müssen, damit wir klug werden.‘" Er war kein gelehrter Mann, aber er war ein Mensch mit einer großen Seele.

Nazareth mit seinen einfachen Häusern war keine animierende Stadt. Durch meinen Vater wurde ich Schreiner, oder Zimmermann, oder.... Ich kannte mich seit meiner Kindheit mit allem aus, was irgendwie mit Holz zu tun hat. Wie alle Nachbarn beackerten wir ein kleines Feld zur Selbstversorgung und hielten ein paar Kleintiere.

Auch ich, ein junger Mann in einer Kleinstadt machte mir meine Gedanken über den Sinn des Lebens. Mit dreißig zog ich mich zurück, um mir über meinen weiteren Weg klar zu werden. Früher war ich auf „meinen Berg" gewandert, aber diesmal wollte ich radikaler sein und suchte die Herausforderung der Einsamkeit. Ich ging in die Wüste. Macht, Ehre, Ansehen, Können... das waren „berufliche" Verlockungen für einen Mann meines Alters. Manche meinen: Versuchungen.

Bei meiner Suche begegnete ich einem beeindruckenden Mann: Johannes. Manche hielten ihn gar für den Messias. Sie dachten, er würde zum neuen König über Israel gesalbt, gekrönt, ein Davidide. Aber was ist schon der Messias?! Der Messias ist das, was man draus macht. Doch dazu später.

1.2   Was für ein Mann!: Der Täufer

Ich begegnete auf meinen Wegen den erstaunlichsten Leuten wie jeder, der mit offenen Augen durchs Leben geht. Die erstaunlichsten Leute geben sich oft gar nicht auffällig. Man merkt erst, was mit ihnen los ist, wenn man sie zufällig näher kennen lernt oder in überraschenden Situationen.

Trotzdem erlebt man selten einen Mann wie Johannes. Die Leute sprachen mit dem Ton der Bewunderung vom „Täufer".

Er entstammte einem ganz anderen Hintergrund als ich, wuchs in Jerusalem auf, in Priesterkreisen. In seinem Elternhaus verkehrten angesehene Leute. So erfuhr er viel, von dem wir einfachen Leute nichts ahnten. In den Zeiten ohne Zeitung und Internet musste man selbst etwas erleben, um sich ein verlässliches Bild zu machen. Das konnte Johannes.

Als ausgewiesener Kenner der biblischen Gebote wusste er genau, dass man niemals alle wirklich einhalten könnte, weder äußerlich noch innerlich. Darauf reagierte er wirklichkeitsnah.

Er propagierte eine Methode, die in kleineren Kreisen von Eingeweihten praktiziert wurde: die Taufe. Der Grundgedanke ist simpel: „Wenn du schmutzig bist, wäscht du dich. Wenn du innerlich schmutzig bist, brauchst du auch eine Art der Wäsche."

Johannes schätzte die „reinen" Gruppierungen von gesetztestreuen Juden in der Wüste um Jam Ha Melach, dem ‚Salzmeer'. Sie passten zu seiner Ernsthaftigkeit. Andererseits disputierten in Jerusalem und Jericho „die Reinen" im Alltag, die „Pharisäer" konstruktiv mit ihm. Auf eine gemeinsame Linie kamen sie dennoch nicht.

Er wusch die Leute im fließenden Wasser des Jordan. Der Dreck strömte weg. Lässt sich die innere Reinigung besser veranschaulichen? Eindeutig verband er damit die Zusage: „Gott wäscht die Sünden von dir ab. Wenn du sie ausspricht, fließen sie weg." Kein Wunder, dass Nutten und Soldaten sein Klientel waren. Die spürten, was in ihrem Leben nicht stimmte. Aber Johannes taufte das „System" nicht weg. Den Getauften tat es gut, was sie am Jordan erlebten: Doch sie mussten in ihren schmutzigen Alltag zurück. Die „Reinen" aber hinterfragte er. Er beschimpfte sie sogar, wenn sie sich überheblich für die „Besseren" hielten. „Schlangenbrut" betitelte er sie. Schlangen galten als hinterlistig, sogar als

Verkörperungen des Teufels. Sollten gerade die besonders gesetzestreu Lebenden in Verbindung mit dem Teufel stehen? Ich sehe das schon so, denn wer das Gute nur bei sich und das Böse nur bei anderen sieht, belügt sich selbst. Wenn sie das nicht irgendwie gespürt hätten, hätten sie mit Johannes nicht diskutiert. Erstaunlicherweise bedeutet sein Name „Jahwe ist gnädig". Obwohl der Täufer so herb war?

Ich ließ mich gerne taufen, ich fand das gut. Angeblich soll er gemeint haben, ich müsste ihn reinwaschen, nicht er mich. Aber wer das behauptete, nahm mich als Mensch nicht ernst. Ich nehme mich, ich nahm mich als Menschen ernst. Johannes nahm mich, wie ich war und behandelte mich als einen „normalen" Menschen. In religiösen Worten: Er nahm mich als einen Sünder.

Umgekehrt hätte auch ich Johannes abgewaschen, „getauft". Er hatte es so nötig wie ich. Aber ich hätte es nie getan, weil ich mich für etwas Besseres hielt, sondern weil man sich gegenseitig Gutes tun kann. Geistliche Überheblichkeit ist mir ein Gräuel!

Dass Markus, der älteste Evangelist meine Geschichte mit der Taufe durch Johannes begann, passt. Da falle ich nicht vom Himmel, sondern gehöre in diese Welt, in der ich lebte. Johannes und mich verband derselbe Kontext. Wir beide konnten diese Welt nicht ohne Jahwe erleben. Die Menschen um uns herum waren oft hilflos, weil die etablierte Religion überhaupt nicht auf sie zugeschnitten war. Auch wenn du dich durch Rituale absicherst, spürst du in deiner Tiefe, dass nicht alles in Ordnung ist. Mit dieser Verunsicherung erschienen die einfachen Leute bei Johannes oder später bei mir und suchten echte Lebensimpulse. Johannes und ich waren sehr verschieden, aber bei uns beiden musste es stimmen!

Johannes trug eine „wilde" Kleidung. Das imponierte mir: ein Gewand aus harten Kamelhaaren. Er aß Honig aus Baumstämmen – lecker, aber nicht sehr abwechslungsreich. Dazu trug er, nach alter Tradition, seine Haare ungeschnitten, struppig. Dass er heute wie ein Bankmanager kommen könnte, mit Anzug, Krawatte und Glatze – unvorstellbar. Da könnte er gleich als Strichjunge kommen. Das wäre passender, weil Stricher als schlechte Menschen gelten. Aber Bankleute? Die geben sich als makellose, vertrauenswürdige Personen. Wer kann Anstand schon von Menschen erwarten, die sich dem Mammon verschrieben haben? Ich habe die Bankgeschäfte nie von denen der Stricher unterscheiden können: Beide verkaufen sich. Johannes ging es ähnlich. Auch er erlebte: Die verachteten Stricher zeigten oft mehr ethisches Problembewusstsein als Leute in gesellschaftlich angesehener Position. Die Pharisäer unserer Zeit fungierten später als Sinnbild der Heuchelei. Das tut freilich vielen Unrecht. Besonders ekelten mich in späteren Zeiten „fromme Christen", die auf „heuchlerische Juden" deuteten und „die Juden" gegen „die Christen" ausspielten. Das war und ist bigott. Doch um zu heucheln, muss man weder Christ noch Jude sein, das schaffen auch Atheisten.

Unsere Begegnung empfanden Johannes und ich als sehr wohltuend. Wir spürten, wie wir uns ergänzten. Wären wir nicht ein unschlagbares Team gewesen? Nein, Johannes wirkte gerade in seiner Abgesondertheit, während ich ein typischer Teamplayer war. Ich brauchte Leute um mich herum, auch wenn diese erwarteten, dass ich sie führte.

Ich erwartete von Johannes eine echte Taufe. Bei ihm erschien ich mit meiner ganzen, bisherigen Geschichte. Keiner wusste besser als ich, dass ich kein untadeliger, sündloser Mensch war. Ich war ein Mensch. Das reichte bereits, um nicht perfekt zu sein. Ich fand es immer unverschämt, dass mir „fromme" Menschen, gerade auch in religiösen Führungspositionen, das „Mensch-Sein" absprachen, indem sie mich für „sündlos" erklärten. Was für eine Unverschämtheit! Dass es nun in der Bibel steht, ist noch dreister.

Johannes blickte tiefer. Er erkannte meine Nähe zu Jahwe. Er spürte unsere Ähnlichkeit. Auch er war nicht „sündlos". Ich hätte ihn taufen können. Aber wollten wir konkurrieren, wetteifern um unsere religiöse, moralische Sonderstellung?! Tatsächlich ließ er sich von Anhängern taufen. Einige von ihnen zogen später sogar mit mir durch die Gegend. Aber nie prahlten sie damit „Ich habe Johannes getauft!", denn das gegenseitige Taufen zeigte nur, dass es jeder nötig hatte.

Auf meine Tauferfahrung wollte ich nie verzichten. Zunächst zog ich mein Obergewand aus und legte es ans Ufer. Dann stieg ich zu ihm in den Fluss. Der Jordan war nicht gerade ausgetrocknet, aber seine Fluten beeindruckten niemanden. Untertauchen bedeutete Demut: Ich musste wirklich in die Knie gehen, damit das Wasser des Flusses über mich hinwegfloss und alles „abspülte".

Dabei erlebte ich etwas, was ich nur meinen besten Freunden erzählte. Johannes erzählte ich es auch und er lachte – als würde er mich besonders gut verstehen: Als ich aus dem Wasser wieder auftauchte, schien die Sonne heller als vorher. Der Himmel war blau, die Vögel zwitscherten und es war mir, als spräche ganz tief in mir eine fremdvertraute Stimme.

Außer mir ging es niemanden etwas an, aber ich hörte Jahwes Stimme, die mir versicherte: „Du bist mein geliebter Sohn!" Daran zweifelte ich nie. Im Sohn steckt immer etwas vom Vater und von daher hat der Vater auch immer etwas vom Sohn. Damit musste ich nun klar kommen.

Das war eine extrem geistliche Erfahrung. Wie konnte ich von Vater und Sohn reden? Das klang nach Spielplatz, nach Wanderung in unserem Gebirge, nach Trost bei gescheiterten Versuchen, nach Abenteuer, Geschichten und Liebe. Ich müsste mehr spirituell reden. Die Idee, von einer Taube zu erzählen, die aus dem Himmel kam, war gar nicht schlecht. So ein Vogel überwindet die Differenz von Himmel und Erde. Und doch weiß jeder letztlich, dass dieser Himmel und diese Erde eine Einheit bilden und Jahwes Himmel etwas anderes ist.

Auf alle Fälle trafen sich in mir Himmel und Erde. Ich erkannte: Zwischen den Vater und mich passt kein noch so dünnes Blatt Papier, auch kein Papyrus oder Pergament. Ich müsste von Gott reden. Oder vom Menschen. Also Gott und ich, das war jetzt nicht mehr zu unterscheiden. Eine unerwünschte Nebenwirkung war allerdings, dass jemand denken konnte, dass alles, was man ungestraft über Gott sagen konnte, auch auf mich zutraf. Nicht Gott bestimmte, wie er war, nicht ich bestimmte, wie ich war, sondern irgendwelche „gotteskundige" Leute konnten einfach behaupten, Gott sei so oder

14

so oder müsse so oder so sein und das würde dann auch auf mich zutreffen. So blieb es nicht aus, dass andere behaupteten: Wenn Gott so zu sein habe, wie gewisse Leute behaupten, dann würde das zu der Wirklichkeit gar nicht passen und also gäbe es Gott nicht. Also: Wenn Gott gut ist und die Wirklichkeit mit Krieg, Gewalt und Hunger schlimm ist, dann gibt es Gott nicht, denn Krieg, Gewalt und Hunger gibt es ja.

Mir könnte das egal sein, weil ich weiß, wer oder was oder wie ich bin, aber ich merke, wie viele Menschen auf der Suche die Unstimmigkeiten verunsichern. Die tun mir dann leid.

Für mich war die Taufe das Höchste, mein ultimatives Erlebnis: Gott und ich sind eins. Diese Erfahrung trug mich durch die nächsten Jahre. Und wenn ich nächste Jahre sage, meine ich das wörtlich: Auch durch Verfolgung, Verhöhnung und Ermordung trug es mich.

Auch Johannes ging einen schweren Weg. Er mischte sich in seiner gradlinigen Art in die Affären des Königshauses ein. Der König Herodes hatte die Frau seines Bruders geheiratet. Ein Unding! Johannes hielt dem König sein Unrecht vor Augen. Im herodianischen Königsgeschlecht herrschte seit Generationen die Gewohnheit, Gegner selbst innerhalb der Familie einfach zu eliminieren. Das ging bei Johannes nicht so einfach, denn er war nicht nur furchtlos, sondern auch beim Volk beliebt. Musste sich der König wegen einem religiösen Spinner Schwierigkeiten machen? Ja, er musste, als sich seine beleidigte Frau einmischte. Ihre Tochter umgarnte den König, so dass dieser ihr den Wunsch erfüllte, den Kopf meines Täufers zu bekommen. Ist das nicht eklig? Was sind das für Menschen, die so etwas wollen?! Aber sie waren nicht die ersten und nicht die letzten. Ich verzichte auf Beispiele aus eurer Zeit. Da gibt es eine reichliche Auswahl.

Seine Jünger holten die Leiche von Johannes und bestatteten sie. Als sie es mir übermittelten brauchte ich meine Ruhe. Jetzt musste ich für mich alleine sein!

Johannes! Dank Johannes hatte ich diese tolle Erfahrung gemacht, dass der himmlische Vater mich als Sohn verstand und damals begann das Nachdenken darüber, was das für Folgen habe solle. Nach dem Tod von Johannes musste ich dringend nachdenken. Nach der Taufe aber auch schon.

1.3 Mit 30 sollte man sich fragen…

Mit dreißig fragen sich viele Männer, was sie vom Leben wollen. Erste Weichenstellungen wie die Berufsfrage oder Familienplanung sind längst erledigt. Aber soll es ein Leben lang so weiter gehen wie jetzt?

Welche Fragen hast du dir mit dreißig gestellt? Mancher fragt sich in dieser Lebensphase, was vor ihm liegt, welche Wege er einschlagen sollte.

In den Büchern finden wir viele gute Geschichten dazu.

Am Scheideweg stand Herakles. Manche hinterfragen, ob es ihn überhaupt gab. Es gab ihn nicht, aber das ist egal, denn die Geschichte ist zu gut, als dass es sie nicht geben dürfte: Du stehst an einer Weggabelung. Erfolg oder Integrität? Eine entscheidende Frage. Wenn du nicht erfolgreich bist, ist es eben ein anderer – Integrität hin, Integrität her.

Herakles, unschlüssig welchen Lebensweg er wählen soll, zieht sich an einen abgelegenen Ort zurück, um nachzudenken. An einer Weggabelung erscheinen ihm zwei Frauen. Eine zeigt sich schlicht gekleidet und bescheiden, die andere herausgeputzt. Die Gestylte verspricht Herakles: „Wenn du mir folgst, bleibst du von Schmerz verschont." Ihre Freunde nannten sie Glückseligkeit, ihre Feinde Lasterhaftigkeit. Daraufhin ergreift die Verkörperung der Tugendhaftigkeit das Wort. Der Lohn für den tugendhaften Weg seien Ehre und Bewunderung. Herakles entscheidet sich für den tugendhaften Weg.

Auch ich musste mich entscheiden: „Wenn ich nicht rücksichtslos bin, ist es eben ein anderer…" hieß es. Ich sagte mir dann: „Nein, ich will nicht rücksichtslos sein." Damit fuhr ich ganz gut. Sie nagelten mich zwar ans Kreuz und es war grässlich, zu sterben, aber rücksichtslos und rückgratlos wäre mein Lebensgefühl grässlich gewesen.

„Jesus, wie kannst du nur so reden?!"

Wer mich verstanden hat, wird nicht mehr fragen.

Mit dreißig muss ich mich entscheiden, wie viele andere.

Im Osten, in Indien war es Gautama Siddhartha, fünfhundert Jahre vor mir. Seine Anhänger nannten ihn den „Erleuchteten", „Buddha". Bei ihm war es nicht die Wüste, bei ihm waren es konkrete Begegnungen in seiner Stadt, die er in seiner Quarantäne im väterlichen Schloss verarbeitete. Er war wie ich um die dreißig, als er seine Wege fand.

Der Kaufmannssohn Franziskus aus dem italienischen Assisi, der sich an mir orientierte, fand Mitte zwanzig seinen Weg. Auch er ging in die Einsamkeit, um Klarheit zu finden. Mit dreißig ließ er sich seinen Weg vom Papst bestätigen. Von seiner Geburt erzählte man, seine Mutter hätte sich dazu in den Stall begeben und einen Ochsen und einen Esel bringen lassen.

Mein „Biograph" Albert Schweitzer aus dem Elsass überlegte sich Anfang zwanzig: „Bis 30 bin ich Egoist, dann Altruist." Stark! Vorher beschäftigte er sich wissenschaftlich mit meinem Lebenslauf, genauer den Lebensläufen, die andere über mich schrieben. Seine Analysen fand ich spannend. Ich müsste eine ziemlich gespaltene Persönlichkeit sein, wenn ich den Erwartungen aller meiner Biographen entsprechen wollte. Das beschrieb er gut, der Herr Dr. Dr. Dr. Schweitzer. Übrigens wurde er 90 Jahre alt. Der Altruismus zahlte sich aus. Seine Entscheidung traf er nach einem Gespräch mit mir an... Pfingsten.

Die Entscheidung kann auch in die Hölle führen. Adolf Hitler aus Österreich begann 1919, mit dreißig Jahren systematisch, seine Weltanschauung umzusetzen. Sein Erfolg verdeutlicht besonders krass, dass ich keineswegs allmächtig agiere, ebenso wenig mein himmlischer Vater. Hitler verfügte über seinen eigenen Himmler. Der verkörperte mehr Allmacht als mein Vater und ich, und vernichtete einen Großteil meines Volkes. Auch er war nicht allmächtig. Er verfügte über so viel Macht, wie ihm die Bevölkerung zugestand. Das war allerdings sehr viel Macht. Und es war für Millionen von Menschen tödlich.

Albert Schweitzers Entscheidung reifte auch in den Träumen. Hitler bekam zusätzliche Nachdenkmöglichkeiten im Gefängnis, wo er „Mein Kampf" schrieb. Ich selbst zog mich in die Wüste zurück und versuchte, mir über meinen Weg klar zu werden. Ein halbes Jahrtausend später ging Mohammed aus Mekka ins Gebirge Hira. Sein Ergebnis sehe ich kritisch. Wenn es um mich ging, zeichnete er falsche Bilder.

Unzählige Menschen machten etwa mit dreißig Jahren wegentscheidende Erfahrungen. Meine Wüstengeschichte bewegt mich bis heute.

1.4 In der Wüste

Ich wollte zu mir finden und ging weg.

Ich ging „über den Jordan". Wir Juden wussten: Auf der anderen Seite des Jordan ist die Wüste. Die Wüste ist der Ort des Todes. Wer „über den Jordan" ging, war am Ort des Todes, er starb.

Ich starb nicht. Der Jordan blieb in Sichtweite. Einsamkeit ja, die Nähe zur Unendlichkeit ja, die Endlichkeit spürbar, aber: Ich konnte zu den Lebenden zurückkehren.

Ich ging in die Wüste, weil es jenseits des Jordan nichts gab, was mich ablenkte. Ich erzählte niemandem, wo ich war. Ich musste mit mir alleine sein. Das ginge im Prinzip überall. Jenseits menschlicher Behausungen war es aber leichter. Da kam niemand einfach mal so vorbei.

Spätere Generationen erzählten von einer Schlange, der ich dort begegnet sei. Nein, natürlich nicht. Ich begegnete nur mir selbst. Das war gefährlich genug. Eine Schlange ist ein gutes Bild mit ihrer gespaltenen Zunge: Sie könnte immer zwei Antworten finden, zwei verführerisch gute Antworten.

Ich schlemmte nicht. Mir reichte ein Wasserschlauch und ein großer Beutel Proviant. Klar: Ich würde sehr genügsam leben, ich würde fasten wie Johannes.

Anfangs fielen mir die Einschränkungen schwer, dann ging es besser. Schließlich zog es sich endlos in die Länge. Ich merkte: Die Vorräte sind nicht üppig.

Jetzt würdest du gerne über übernatürliche Kräfte verfügen.

Ich spürte eine göttliche Kraft in mir. Wäre jetzt der Zeitpunkt, sie anzuwenden? Mit einer göttlichen Kraft ausgestattet, könnte ich auch Unmögliches schaffen. Ich könnte Wasser zu Wein verwandeln oder Steine in Brot. Später meinten die Überschlauen: Klar, Wasser in Wein, unbedingt, Jesus, da merken wir doch, dass du der Gottessohn bist; aber Steine in Brot, bloß nicht, dass würde dir nur der Teufel eingeben. Weshalb wussten andere immer besser über mich Bescheid als ich selbst?

Wie blöd muss man sein, um so zu argumentieren? Ich bin nicht blöd. Wein ist prima, Brot ist super, aber „Wünderchen"? Dafür war ich mir zu schade, das überließe ich lieber denen, denen das Leben zu kompliziert ist.

Ja, es ist verführerisch, etwas zu schaffen, was eigentlich nicht menschenmöglich ist. Zweitausend Jahre später vermögen Menschen so etwas: Sie beherrschen souverän die kleinsten Teile des Universums und schaffen Neues. Ihnen gelingt es, noch das unspaltbare Atom zu spalten. Selbst neues Leben schaffen sie inzwischen. Sie klonen, spalten Atome und fühlen sich allmächtig. Doch ihr Können überfordert ihren Verstand und ihre Moral.

Nein, Allmacht konnte mich nicht versuchen. Diese Versuchung hat etwas Teuflisches an sich: Sobald Menschen sich als Übermenschen fühlen, zerfallen sie. Ein hochangesehener Gentechniker präsentierte sein geklontes Schaf und erklärte, dies sei der achte Tag der Schöpfung. Er konnte klonen, er konnte Leben erschaffen. Seine Augen leuchteten: „Ich bin wie Gott." Doch mein göttlicher Vater kümmert sich um seine Schafe wie ein Hirte, er klont sie nicht wie ein Techniker, dessen Schaf bald qualvoll verendet.

In der Wüste verwandelte ich also nicht Steine in Brot, sondern überlegte, was für meine Seele so wichtig war wie Brot für den Körper. Ich fand auch etwas: Du musst innerlich stimmig sein, integer. Von meiner Integrität kann sich meine Seele nähren.

In der Einsamkeit kam ich Gott näher und Gott kam mir näher. Gott! Das ist der, der alles kann, erzählte man sich. Wie hieß es im Psalm: „Er wird seinen Engeln befehlen, dass sie dich auf Händen tragen, damit du deinen Fuß nicht an einen Stein stößt."

Ich malte mir das aus: In Jerusalem prangt Gottes gewaltiger Tempel. Ich stehe oben auf der Zinne, spreche ein Gebet, breite die Arme aus und segle über den Himmel, denn Gottes Engel tragen mich. Unten steht das Volk und jubelt mir zu. Dann lande ich sanft und gebe Autogramme.

Ein verführerischer Tagtraum. Immerhin bin ich Gottes Sohn und nicht Luke Skywalker. Aber ich kenne meinen Vater: Wenn ich so etwas versuche, hält er sich die Hand vor die Augen, stöhnt auf und murmelt: „Was für ein Idiot ist denn das?!" Ich würde abstürzen. Die Welt ist nicht für Menschen gemacht, die die Arme ausbreiten und dann fliegen. Wäre die Welt so, dann wäre die Welt so. Aber sie ist nicht so! Wer vom Turm springt, stürzt in den Tod. Es ist Gotteslästerung, falsche Dinge von ihm zu fordern, nur weil sie einen reizen. Ehrlich, ich träumte immer wieder davon, zu fliegen. Den Traum genoss ich sogar, wenn ich halb wach war. Ich genoss das. Aber ich beließ es beim Träumen.

Steine in Brot zu verwandeln und über den Himmel zu fliegen sind geringe Versuchungen, denn wir wissen: „Es geht nicht." Meine eigentliche Versuchung war eine realistische. Ich fragte mich, wie man sich in meinem Alter fragt: „Will ich Erfolg?" Mein Herz antwortete euphorisch: „Ja!" Dann hörte ich die nächste Frage: „Was ist dir der Erfolg wert?"

Ich erinnerte mich an den erfolgreichsten meiner Vorfahren, an David. Mein pries ihn als großartigen König. Aber wer seine Geschichten kannte – also jeder, der in den heiligen Büchern las, wusste: David war brutal und gewissenlos. Ein Mord bedeutete ihm nichts. Lüge? Wenn es hilft… Bei den Frauen bediente er sich, denn er hatte die Macht. Mich würde es nicht geben, wenn er nicht die Frau eines Soldaten geschwängert hätte und während der Schwangerschaft diesen dann im Krieg sterben ließ. Wenn du Macht haben willst, darfst du die Mittel des Bösen nicht missachten. Du kannst Gott preisen und loben, aber wenn es um das Handeln geht, dann stehen dir Skrupel nur im Weg. Freilich kannst du schauspielern: Du lässt einen, der dir im Weg steht, wegboxen und heulst hinterher darüber, dass er am Boden liegt.

Also: Wenn ich erfolgreich sein wollte, musste ich mich dem Bösen verschreiben. Ganz unsentimental. Aus reiner Berechnung.

Andererseits: Würde ich das nicht machen, bliebe ich machtlos. Was nützt der beste Mensch, wenn der Böse sich durchsetzt? So war es auch später, als ich gekreuzigt wurde und dabei noch ausgelacht wurde als einer, der scheiterte.

Bin ich wirklich gescheitert? Gescheitert bin ich, wenn ich mir nicht mehr in die Augen schauen kann. Es gibt erfolgreiche alte Männer, die mit ihrer Erfahrungsweisheit diese Welt kritisieren, die Kritik üben an der Machtausübung der gegenwärtigen Generation. Aber erfolgreich waren sie, weil sie genauso schlecht und skrupellos agierten wie die jetzigen Strippenzieher. Solche Männer sind für mich Schlappschwänze. Deinen Charakter musst du zeigen, solange es gefährlich ist. Angeblich bekehrte sich Konstantin auf dem Totenbett. Wie feige war denn das?! Das ist doch keine Bekehrung. Wenn du nichts mehr riskierst, ist alles wertlos. Peinlich, peinlich: Nach dem frommen Abscheiden des Königs wurde behauptet, Konstantin sei nun ein Divus, ein Gott. Ich könnte kotzen, dass dieser göttliche Konstantin als ein Glaubensheld verehrt wird.

Von Konstantin wusste ich in der Wüste noch nichts. Aber dort begriff ich: Nur wenn ich vor mir bestehen kann, kann ich überhaupt bestehen. Gott, der Herr und ich sind eins, wenn es darum geht, mit welchen Augen ich mich ansehe.

Gott und ich... Führte ich Zwiesprache mit einem göttlichen Wesen? War ich „näher bei Gott" in der Wüste? Ich erlebte es anders: Ich spürte Gott in mir. Aber nicht als ein fremdes Wesen, sondern als mich. In mir breitete sich eine andere Art von Himmel aus. Gott und ich? Das klingt so getrennt. Dabei sind „wir" (?) verwoben. Indem ich zu mir fand, fand ich zu Gott. Was für eine verwirrende Erfahrung!

Hatte ich es nicht schon früher gespürt? Nun aber erkannte ich es. Mag von Anfang an in der Welt „Gott" der Sinn gewesen sein. Das konnte ich stehen lassen. Mag, seit es Menschen gibt, „Gott" die Liebe gewesen sein... Das entdeckte ich in mir und dadurch spürte ich, dass Gott sich durch mich in diese Welt zeigt. Vielleicht würden die, die dies erkannten, dann mich für Gott halten oder ich würde wie ein Gott für sie sein, aber das passte: So lange sie nicht mich als Menschen zu einem göttlichen Wesen erhoben, sondern das, was sie durch mich mit Gott erlebten für sie die zentrale Orientierung in ihrem Leben wurde.

Als ich aus der Wüste zurück kehrte ins Land der Lebenden, wusste ich, was ich wollte: Ich wollte identisch bleiben und dies war auch meine Botschaft.

2 Das Reich Gottes ist nahe

2.1 Die Wasserpredigt

Ich kehrte aus der Wüste zurück. In der Tiefe hatte ich die Einheit mit Gott gefunden. Es war klar: Wenn ich etwas tun oder sagen würde, würde es zu „Gott" passen. Ich möchte mit niemand drüber streiten, wer „Gott" ist. Für mich ist es mein innerlicher Vater. Ich könnte auch sagen: die Liebe in mir, in uns und in der Welt. Meine Botschaft war so simpel, dass manche sie nicht verstanden: Gott ist ganz nahe. Das stimmte immer dann, wenn ich mit jemandem zusammen stand. Die Menschen konnten sich überlegen, was sie ändern müssten, damit es bei ihnen, mit ihnen stimmt. Oft merkte ich eine Veränderung. Wie viele wirklich etwas begriffen, kann ich nicht sagen. Wer mich angriff, konnte Gott begreifen. Fasse, wer es fassen kann! Ein schonungsloser Blick zeigt: Die Welt ist nicht besser geworden seit meinem Wirken. Weder vor noch nach meinem Tod.

Ich bewegte mich zurück in die Welt der Lebenden. Von der Wüste aus ging ich zum Wasser, zum galiläischen Meer. Durch die Begegnung mit Johannes wusste ich, dass ich kein wandernder Eremit sein wollte. Ich brauchte einen Freundeskreis. Ich wollte normale Leute um mich herum. Normal? Nach meiner Erfahrung ist niemand total normal. Alle meine Freunde hatten irgendeine Macke. Mit der Zeit vermutete ich: ich auch. Zu einem echten Menschen gehörten Macken. Aber meine Freunde sollten bestimmte Macken nicht haben: Sie sollten nicht eingebildet sein, sich nicht für etwas Besseres halten. Sie sollten auch nicht der Verführung der Macht oder der Verführung der Eitelkeit erliegen. Ich fand Freunde dort, wo diese Gefahren ohnedies relativ gering waren: bei den einfachen Menschen.

Allerdings begannen manche meiner Freunde, als ich bekannter wurde, sich zwar nichts auf sich selbst einzubilden, aber auf ihren Kontakt zu mir. Das machte sie zu etwas Besonderem: „Ach, du gehörst zu diesem Jesus. Geil! Wie ist der denn so privat?" Die Zeiten, in denen sie lieber nicht durchblicken ließen, zu mir zu gehören, kamen erst später, erst in Jerusalem, erst in der „Stadt Gottes", wo es immer gefährlich war, auf der Seite Gottes zu stehen, wenn man nicht zugleich auf der Seite der Mächtigen stand.

Pluspunkte sammeln, weil man mich kennt? Das musste ich mit den Freunden auch thematisieren. Es war nicht leicht, dies offen zu zuanzusprechen. Aber ich kann sie doch nicht zu einem Weg der Demut ermutigen und sie sich mit mir brüsten lassen.

Angeben mit Demut? Das gab es in der Geschichte der sogenannten „Christen" immer wieder. Einer von den prägnanten und wirren Sätzen hieß „Mein Lohn ist, dass ich dienen darf!". Das bedeutete: Ich zeichne mich durch Demut aus. Demut als Orden, den ich auf der Brust trage? Ist das nicht abartig? Für mich schon. Gut, dass ich nie Christ war.

Die erste Begegnung mit meinen zukünftigen Freunden verlief amüsant. Sie arbeiteten als Fischer in Kapernaum. Ich traf sie zufällig, als ich dort beim Hafen auftrat.

Zu diesem Zeitpunkt kannte mich kaum jemand. Aber aus der Wüste hatte ich eine Fülle an Material mitgebracht, das ich öffentlich verkündete. Die Leute hörten mir gerne zu, sehr gerne. Es gefiel ihnen oder tat ihnen sogar gut. Dabei nutzte ich Plätze, wo ich viele gleichzeitig ansprechen konnte. Marktplätze erwiesen sich als prädestiniert. In Kapernaum liebte ich den turbulenten Hafen, auf dem Fischer ihre frische Beute verkauften. Sie priesen ihre Waren vollmundig an und die Käufer wollten überzeugt werden. Ein lebhaftes und unterhaltsames Getümmel.

Unterhaltsam? Das kann ich auch. Ich positionierte mich günstig für eine Predigt und startete mit handfesten Parolen. „Das Reich Gottes ist hier! Mitten unter euch!" Solche Parolen animierten zum Zuhören, weil mancher innerlich schon diskutierte! Viele Leute scharten sich um mich. Sie schienen mich einzukreisen. In einer solchen Enge ließ es sich nicht predigen. Schließlich wollte ich den Horizont erweitern und den Seelen Luft geben. Da durfte ich nicht nach Luft schnappen!

Wir standen direkt am See. Wie wäre es, wenn ich vom Wasser aus predigte? Eine gute Idee. Sie hätte von mir sein können. Sie war von mir: „Lauf einfach ein paar Meter übers Wasser und halte dann deine Predigt." Witz! Natürlich nicht! Ich lauf doch nicht übers Wasser, wenn dort keine Planken sind! Manche Leute haben irre Vorstellungen.

Ich bin kein Zauberkünstler! Im Gegenteil: Würde ich so eine Show abliefern, verlöre ich meine Zuhörer, weil alle nur noch staunten und die Kritischen diskutierten, wie ich das denn gemacht hätte, welcher Trick dahinter wäre. Schon die zehnjährigen Burschen würden sich gegenseitig erklären, dass sie den Trick genau beobachtet hätten.

Wenn ich mit meiner Botschaft rüberkommen will, muss die ohne Brimborium wirken. Spektakuläre Aktionen vernebeln meine Inhalte! Das Wunder ist des Aberglaubens Kind. Der Aberglauben gebiert Wunder. Guter Satz. Den würde ich in mein Testament schreiben. Aber wer weiß: Vermutlich striche ihn jemand in meinem Namen mit roter Tinte raus oder schabte ihn mit einer Klinge aus dem Pergament.

Nein, ich blieb auf dem Boden der Wirklichkeit und sprach einen Fischer an, der neugierig herüberschaute. Er war nicht neugierig genug, um aufzustehen und her zu kommen. Also ging ich zu ihm wie der berühmte Prophet zum berühmten Berg. Er hockte neben seinem schmalen Holzboot und flickte wie seine Kollegen seine Netze. Geduldig zupfte er den Tang heraus, der beim Fangen hängen geblieben war. Ihn bat ich, mich ein paar Meter hinauszufahren. Dann könnte ich von draußen reden und alle würden mich hören und auch besser sehen.

Er freute sich über die Abwechslung, vielleicht sogar über das Publikum. Er hieß Simon und machte seine Sache gut: Ich fiel nicht ins Wasser. Allerdings schaukelte der Kahn bedenklich, als ich meinen Kaftan raffte und meinen Fuß hineinsetzte. Erschrocken bat er, ich solle mich setzen - und auch zum Predigen lieber nicht aufstehen. Predigen im Sitzen? Das war ungewohnt.

„Andreas, fährst du mit?" Simon winkte einen jungen Mann herbei, der sich dann neben mir niederließ und neugierig musterte. Simon ruderte uns nur ein paar Meter weg vom Ufer. Dann gab er mir ein Zeichen, jetzt wäre ich an der Reihe. Er setzte sich neben seinen Bruder Andreas und die beiden hörten mir gespannt zu. An ihrer Aufmerksamkeit merkte ich: Die Botschaft kommt rüber.

Ich war immer ein Freund von kurzen Predigten. Kurz und prägnant. Man sollte sie sich merken können. Vieles von mir konnten meine Anhänger gut weitererzählen. Das hing auch mit dieser Technik zusammen: Wenig und knackig, oder, wenn schon mehr, dann gleich eine ganze Geschichte, mit einem überraschenden Höhepunkt oder so. Ich finde es spannend, welche verschiedenen Versionen meiner Geschichten in der Bibel auftauchen. Stolz bin ich, wenn die Pointe bei allen Unterschieden erhalten blieb.

„Das Reich Gottes ist nahe herbeigekommen!" Das wurde zunächst meine Standartpredigt. Jeder sollte diese Grundlage des Vertrauens haben: Der Herr ist nahe.

2.2 Fischer und Fischen

Ich schloss meine Rede mit einem bekräftigenden „Amen" und winkte den klatschenden Leuten am Ufer zu. Dann wandte ich mich an Simon: „Was für ein schöner Tag! Lass uns fischen fahren..."

Simon rollte mit den Augen. Er dachte wohl: „Was will dieser Prediger? Vom Fischen hat der keine Ahnung!" Sein Bruder Andreas wiegte ablehnend den Kopf: „Das bringt nichts, Rabbi. Wir waren schon die ganze Nacht auf dem See und es blieb nichts als Tang in unseren Netzen hängen. Außerdem weiß jeder Junge, dass man nur nachts fischt, nicht tagsüber."

Simon bekräftigte: „Klar! Am Tag glüht die Luft über dem Wasser. Da bleiben die Fische unten in der Kühle. Abends kommen sie dann hoch. Du siehst sie Luft schnappen oder nach Mücken springen, die über dem Wasser fliegen."

Andreas lachte zustimmend: „Wenn wir heute Abend rausfahren: herzlich willkommen!"

Ich schaute sie nur an. Sie spürten, wer der Chef war. Mit zaghaftem Stirnrunzeln ergaben sie sich und fuhren sie mich ein gutes Stück hinaus. Dort warfen sie das Netz aus. Zugegeben, nicht sehr schwungvoll und auch nicht überzeugt. Ungläubig blickten sie sich bald gegenseitig an.

„Simon, da zappelt was!"

„Andreas, merkst du's auch? Da ist was los im Netz!"

Ein Lächeln breitete sich über ihren Gesichtern aus und eifrig zogen sie das Netz ein. Unwillig schüttelte Simon den Kopf: „Nein, das hängt unten fest." Andreas atmete tief: „Das hängt nicht fest, das ist schwer. Was für ein Fang!" Die beiden blickten mich zögerlich an, vorsichtig, misstrauisch… Das war ihnen nicht geheuer.

Andreas, ein Mann der Tat winkte Richtung Ufer, wo zwei Kollegen im Sand hockten, die Netze säubernd: „Jakobus, helft uns!"

Wir waren weit draußen, wo es schon etwas tiefer war. Ob man Andreas am Ufer verstehen könnte, bezweifle ich, aber die beiden Fischer reagierten umgehend. Sie warfen ihr Netz ins Boot und schoben dieses ins Wasser. Bald erreichten sie uns.

Ein kurzer Wortaustausch und ein paar Überlegungen, wie man die Fülle eines Netzes auf zwei Boote verteilen könnte. Aber mit etlichen erfahrenden Griffen schafften sie es, ohne dass die Boote umkippten.

26

Die Fische zappelten und glitzerten in der Sonne des späten Vormittags. Fast wäre Simon ins Wasser gefallen, so übermütig wurde er: „Was für ein Ding! Nachts nichts! Jetzt gleich zwei Boote voll! Das kann ich noch meinen Enkeln erzählen..." Enkel! Seine Frau lernte ich schon abends kennen, aber von Kindern noch keine Spur!

Die Schiffe drohten unterzugehen bei der vollen Ladung. Doch die jungen Männer ruderten geschickt, alles ging gut und an Land setzte der Verkauf flott ein. Schnell sprach sich die Nachlieferung herum und die Kunden standen Schlange für frischen Fisch.

Ich ahnte nicht, dass „FISCH" einmal Symbol für meine Anhänger würde. ICHTYS heißt es griechisch. Schon damals liebten die Menschen, Inhalte durch Akronyme zu verschlüsseln: ein sinnvolles Wort, aus den Anfangsbuchstaben wichtiger Worte. „Iesus" „Christos" „THou Yios = Gottes Sohn" „Soter = Retter". Witzig, aber nicht von mir. In diesen Begriffen steckte zu wenig „ich", das sind zu viele Wunschvorstellungen, die auf mich übertragen werden.

Simon zögerte, wie er sich mir gegenüber verhalten sollte. Er hatte über meine Vorstellung eines gelungenen Fanges gelacht und jetzt gab es quasi einen Jahresrekord. Aber ich entschärfte die Situation: „Simon, pass auf. Gerade habt ihr ein paar Fische gefangen. Ich will, dass ihr mit mir kommt und dann werdet ihr Menschen fangen."

Simon blickte irritiert, Andreas ebenfalls. Johannes ben Zebedäus und sein Bruder Jakobus hatten es noch nicht mitbekommen. Es war ungeschickt von mir, jemandem, der mich nicht wirklich kannte, mit einem Sprachwitz zu kommen. „Hallo Fischer, ich will einen Menschenfischer aus dir machen!"

Ich ruderte zurück, um im Bild zu bleiben und erklärte: „Ich plane eine große Aktion: Ich ziehe durchs Land, von Dorf zu Dorf und auch durch die Städtchen unserer Heimat. Dabei erzähle ich von Gott, wie er wirklich ist und was er wirklich will." Simon schaute mich immer noch verständnislos an - oder erwartungsvoll, als würde ich etwas sagen, damit bei ihm der Groschen fiel?

„Also, Simon und Andreas, ich brauche euch dabei. Wir müssen mit den Leuten reden. Und ich brauche auch Jakobus und Johannes. Wir müssen viele ‚Fischer' sein." Das Wort ‚Fischer' betonte ich, damit klar war, dass ich es nur als ein Bildwort benutzte.

„Wir können doch unsere Familie nicht im Stich lassen!" Simon war alarmiert. Andreas schüttelte den Kopf: „Das geht gar nicht!"

Doch, es ging! Die beiden und die Söhne des Zebedäus erklärten ihren Vätern, sie hätten von mir einen Auftrag und würden mich begleiten.

Da waren wir schon fünf. Man konnte uns an einer Hand abzählen.

Die Väter blieben verwundert, aber nicht alleine zurück. Sie hatten immer ein paar Mitarbeiter zur Hand, ein paar kurzfristig engagierte Tagelöhner. In gewisser Weise hatte ich also vier Arbeitsplätze geschaffen. Es gab auch kein böses Blut. Ich durfte mit in die Familie von Simon und auch bei Vater Zebedäus war ich herzlich willkommen.

Meine Predigten machten mich in kurzer Zeit in der Gegend ziemlich populär. Die Leute kannten mich und ich kannte sie. Sie waren das Am Haaräz, das Volkes des Landes. Manchmal ging mir meine Verklärung in den Geschichten, die diese Leute erzählten, zu weit, ja, eigentlich sogar auf die Nerven.

Sie erzählten anerkennende Geschichten, oft sogar Sensationsgeschichten über mich. Die Sensationshascherei stieß mich ab. Wenn sie ihre Geschichten aufbauschten, verfehlten sie dadurch mein eigentliches Thema. Aber im Nachhinein merkte ich: Es ist in den letzten 2000 Jahren noch schlimmer geworden. Wenn dich jemand erst mal zum Gott gemacht hat, hast du keine Chance mehr. Du und die Wirklichkeit, ihr habt beide keine Chance mehr. Wenn ich einen Sohn hätte, würde ich ihm verbieten, Gott zu werden. Das Dumme ist nur: Ich kann es leider den anderen nicht verbieten, so etwas zu behaupten.

2.3 „Jesus, hilf mir!"

„Jesus, hilf mir!"

Wie oft habe ich diesen Ruf gehört! Und wie oft zitterte ich bis in die Fingerspitzen: Natürlich wollte ich helfen. Trotzdem gehören diese Geschichten mit zum Nervigsten meines Lebens. Und wenn ich „Leben" sage, meine ich „Leben". Das geht bis heute.

„Jesus heilt!" stöhnen Leute mit glasigem Blick. Dann strecken sie ihre Hände aus und... tun so, als wäre ich in ihren Händen. Wenn sie in meinem Namen agieren, muss ich ganz brav sein und Kranke gesund machen. Wenn es klappt, ist es ein gottverdammtes Wunder. Wenn es nicht klappt, ist der Kranke selber schuld. Er hat einfach nicht genug geglaubt. Dass ich es hasse, vereinnahmt zu werden, ist ihnen egal. Ich bin ihnen egal.

Glaubt mir, für mich gibt es nichts Widerlicheres als jemand, der behauptet, in meinem Namen zu heilen. Das ist Gotteslästerung pur. Früher stand auf so etwas die Todesstrafe.

„Aber du hast doch immer geheilt!" schauen sie mich mit großen Glubschaugen an.

„Soll ich euch mal erzählen, wie es wirklich war?"

Es begann alles in der Zeit, wo ich zu predigen anfing. Da lernte ich meine Freunde kennen. Eines Tages war ich bei Simon zu Hause. Ich nannte ihn auch Kephas, aber das mochte er nicht so sehr, weil es aramäisch war. Simon klang normaler, nicht so antiquiert, nicht so rückständig. Ich verpasste ihm dann einen römischen Spitznamen: Petrus. Petrus, der Fels: Als wäre er total verlässlich und man könnte auf ihn bauen. Konnte man auch, wenn man keinen Wolkenkratzer bauen wollte.

Kephas war übrigens unser aramäisches Wort für Fels, aber wen interessiert so etwas schon. Später hatte ich den Eindruck, dass Paulus, dieser angebliche Apostel, der niemals mit mir durch die Felder gestreift war, auf Simon so eifersüchtig war, dass er ihn immer „Kephas" nannte. Das klang zum einen unverschämt vertraulich und zum anderen nach Hinterwäldler.

Also, Simon nahm mich mit nach Hause. Seine Frau fand ich total nett und ich war ein bisschen schuldbewusst. Denn wenn Simon mit mir durch die Gegend zog, musste sie für alles sorgen. Wenn wir dann zurück kamen und bei ihr zuhause waren, versorgte sie mich richtig fürsorglich. So eine Frau hätte ich auch gerne gehabt. Aber das war irgendwie noch nicht dran.

Nach meiner Auferstehung, als Simon seine „Missionsfahrten" machte, begleitete sie ihn. Ich glaube, das machte ihr richtig Spaß. Paulus, der nicht zu meinem „inner circle" zählte, war neidisch. Kein Wunder, denn Lebensfreude, das hatte bittere Asket aus Tarsus nicht wirklich drauf.

Eines Tages, als Simon und ich zurück in sein Haus in Kapernaum kamen, hatte seine Frau ganz rote Augen.

„Was ist passiert?" fragte ich.

Sie stotterte etwas herum und deutete auf das Bett im Hintergrund. Ihre Mutter hatte Fieber. Das konnte sie spüren. Aber woran lag es? Sie zitterte, ihre Mutter könnte sterben. Das konnte bei Fieber immer passieren.

Ich nickte ihr beruhigend zu: „Ich schau mal nach deiner Mutter."

Deren Stirn war heiß, die brüchige Stimme heißer, ihre Augen blickten glasig. Da musste schnell was passieren. Solches Fieber kann kritisch werden. Ich strich über ihre Stirn und spürte, wie sie sich entspannte. Meine kühle Hand tat ihr gut. Ich winkte Petrus: „Mach zwei Tücher nass!"

Er brachte sie mir. „Heb ihre Beine an!" Das tat er und ich wickelte die Tücher herum: „Jetzt geht das Fieber in die Tücher! Bald geht es ihr besser!"

Die arme Frau entspannte sich. Ich legte ihr meine Hand auf die Stirn und erzählte ein paar Erlebnisse von unterwegs. Sehr spannend kann es nicht gewesen sein, denn bald ging ihr Atem ruhiger und sie schlief ein. Vorsichtig zog ich meine angewärmte Hand von der Stirn und fühlte mit meiner andern die Temperatur. Die Hitze war gewichen. Ihre Hände schwitzten ein bisschen, aber sie atmete ganz leicht. Ich war zufrieden: Nähe hilft, Herzenswärme hilft und durch mich spürte sie: „Gott ist mir nahe." Darin steckt eine heilsame Kraft.

„Prima!", dachte ich, „morgen ist sie wieder okay..." Dann zog ich mich zum Schlafen zurück.

Als ich am nächsten Morgen erwachte, hörte ich die anderen fröhlich reden und erkannte die Stimme der Schwiegermutter. Ich grinste heimlich: Das war bestimmt einer der besten Schwiegermutterwitze.

Ab da hatte ich bei ihr einen Stein im Brett und es gab immer irgendeine Leckerei speziell für mich. Leider, leider erzählten Mutter und Tochter die Geschichte weiter und beim Weitererzählen ging immer mehr verloren von dem, was wirklich passiert war und schlichen sich Wunderphantasien ein.

Mitunter lief es allerdings ganz anders. Etwa bei Maria aus Magdala. Doch davon später.

2.4 Der unreine Geist

Manche Geschichten verfolgen einen. Die nächste verschwiege ich gerne, aber ich kann nicht einen Teil meines Lebens ausblenden, weil... Eitelkeit ist ein schlechter Beweggrund. Naja, ich erzähle erst und beziehe dann Stellung zu Stellungnahmen.

Andreas besorgte mir in Kapernaum ein Häuschen. Am Sabbat besuchte ich mit meinen Freunden die Synagoge. Bald nannten mich die Leute „Rabbi" und ich durfte die Heiligen Schriften lesen und auslegen. Mein Stil passte so gar nicht zu ihren Gewohnheiten. Kein Wunder, denn ich rede ja nicht über das, was andere aufgeschrieben haben, sondern über die Erfahrungen mit Gott in meinem Leben. Es ist immer schwierig, mit Leuten zu diskutieren, die ganz viel Wissen haben, denen aber die begleitenden eigenen Erfahrungen fehlen.

Bei einem meiner ersten Besuche in der Synagoge traf ich auf munteres Treiben. Jeder wollte was erzählen oder diskutieren, bevor der Gottesdienst begann. Ein Pulk stand um einen Mann, der herumschrie. Was heißt hier, er schrie? Die Töne, die Wörter, die Sätze kamen zwar aus seinem Mund, aus seinem Körper, aber sie identifizierten sich nicht mit ihm. Ein fremdes Wesen schien aus diesem Mann zu schreien. Dieses Wesen hatte den Mann besetzt.

Etwas besetzt uns? Klar, wenn wir was Falsches essen, geht es uns im Bauch herum und wir geben dann den Inhalt in eine von beiden Richtungen wieder von uns. Dann fühlen wir uns wieder in Ordnung und erkennen: Da war was Schlechtes in uns.

Dieser Mann hatte etwas Schlechtes nicht über die Nahrung zu sich genommen, aber irgendwie anders. Er spürte, nicht mehr Herr über sich selbst zu sein. Wie, wenn du Zahnschmerzen hast und die direkt ins Gehirn gehen. Dann beherrschen dich die Schmerzen oft so, dass du dich selber nicht mehr beherrschen kannst.

Dieses Wesen, oder, wie es manche nennen: dieser Geist oder diese Geister, die diesen Mann beherrschten, reagierten auf mich. Hatte ich etwas Bestimmtes gesagt? Oder reichte schon meine Anwesenheit? Spürten sie etwas an mir, das für sie bedrohlich war?

Manchmal sitzen Männer im tiefen Gespräch beieinander. Sie sind sich einig, dass sie sich gut verständigen können. Und doch weiß jeder, dass er nicht ehrlich ist. Dann stoße ich dazu. Sie kennen sie mich und wissen genau: Ich spreche Sachen an, die unangenehm sind. Ich spreche an, was ich nicht folgerichtig finde. Ich verstoße gegen ihre unausgesprochenen Abmachungen. Das macht ihnen Angst. Vielleicht bedrohte ich ihre Existenz?

„Was haben wir mit dir zu schaffen, Jesus von Nazareth? Bist du gekommen, uns zu vernichten? Ich weiß, wer du bist: der Heilige Gottes!" Da gingen Stimmen durcheinander. Ich hatte das Gefühl, am Schluss meldete sich der Mann selbst. Er schien Hoffnungen in mich zu setzen. Diese Wesen, Geister, Dämonen zeigten Angst. Warum sollte ich sie vernichten? Wie kann man Dämonen vernichten? Muss man Gift sprühen oder mit einem scharfen Messer schneiden? Ihnen mutig ein Kreuz entgegen zu recken gab es natürlich damals noch nicht. Dafür musste ich ja erst sterben.

Gift, Messer, Zauberformeln? Unsinn. Kräften muss man Kräfte entgegensetzen. Zerstörerischen Kräften muss man aufbauende Kräfte entgegen setzen. Der Kraft des Negativen setzte ich die Kraft der Liebe entgegen. Ich sollte der Heilige Gottes sein? Aber gerne. „Heilig" bedeutet schließlich, ganz nahe zu Gott zu gehören. Ich gehöre ganz nahe zu Gott und von seiner Liebe fließt viel durch mich. Was sollten diese Kräfte mir entgegensetzen können?

Da gäbe es so einiges. Ich habe meine Erfahrungen mit destruktiven Kräften und ich blieb nicht immer der Sieger. Manchmal aber tut sich meine Kraft mit dem Willen des Besessenen zusammen. Ich herrschte also die „Dämonen" an, sie sollen schweigen und sich verziehen. Alle Anwesenden konnten sehen, dass sich viel in dem Mann bewegte oder vieles den Mann bewegte. Er wirkte wie eine Marionette - oder wie jemand, der von unsichtbaren Halbstarken verprügelt wird.

Mein Auftritt gab den übrigen Besucher in der Synagoge einige Themen zum Aufarbeiten. Zunächst hatte ich die Schriften in einer Weise ausgelegt, die ihnen nicht vertraut war, aber ganz nahe an ihrem Leben dran war. Anschließend bändigte ich diese „Dämonen". Natürlich kannten sie den Mann und seine Probleme. Oft genug war es ihnen lästig gewesen, wie er sich verhielt, oder wie er sich von den Dämonen steuern ließ. Ja, sie hatten viel zu bereden und erzählten auch zu Hause weiter. Die Geschichte kannte bald die ganze Gegend, oder zumindest das, was von der Geschichte übrig geblieben war. Die phantasievollen Entgleisungen, die mir zugetragen wurden, erspare ich den geneigten Lesern. Sie unterschieden sich aber im Prinzip nicht von dem, was bis heute mit leuchtenden Augen von „Wundern" „berichtet" wird.

Da reihte sich Anführungszeichen an Anführungszeichen. Um sie hörbar zu machen, musste ich meine Stimme wie ein Schauspieler verstellen. Dann merkten die Hörer, dass man sich über bestimmte Begriffe verständigen muss. Was zum Beispiel heißt „berichten"? Nicht alles, was erzählt wird, ist ein „Bericht". Wir achten auf die Erzähler, ihre Eigenarten, ihre Vorlieben, ihre Genauigkeiten. Oder „Wunder": Was ist das? Für manche ist es bereits eine Blüte, die sich entfaltet. Für andere ist es ein Auto, das über den Atlantik segelt, für viele ist es das Unglaubliche, dass sie sich verlieben und geliebt werden. Oder „Dämonen". Das setzte ich manchmal in Anführungszeichen und manchmal nicht. Damit wollte ich verdeutlichen: Es gibt Menschen, für die gehören Dämonen zu ihrer Erfahrung und es gibt Menschen, die halten „Dämonen" für eine Erfindung.

Bei meinen Geschichten war wichtig: Wenn mir ein Mensch begegnete, der mir sagte oder mich spüren ließ, dass er von einem Dämon oder gar mehreren beherrscht wurde, dann glaubte ich es ihm. Wenn ich <u>mir</u> (!) insgeheim sage, „das ist doch Einbildung", und er dies spürt, dann braucht er mich nicht mehr, denn er spürt zugleich: Ich nehme ihn nicht ernst.

Den anderen ernst zu nehmen, gehört zu meinem Selbstverständnis. Darum nahm ich den Besessenen ernst und seine Dämonen auch. Das Ergebnis war, dass sie flohen und er wieder Herr seiner selbst war. Wem das nicht passt, der kann es anders machen. Aber ich warne die „klugen" Leute: Wenn dir der Besessene nicht vertraut, kannst du nichts anders machen, sondern gar nichts. Das ist das Problem beim „Besser-wissen": Die anderen Menschen sind auch nicht anders als du und wollen sich kein fremdes Weltbild aufschwätzen lassen, sondern sie wollen ernst genommen werden mit ihren Erfahrungen.

Ich selbst zum Beispiel würde nicht so reden wie dieser Mann. Ich wollte auch nicht, dass jemand mit mir über meine „Dämonen" redet, wie es die Pharisäer taten. Ich will mich nicht von einer anderen Weltsicht vereinnahmen lassen. Das ist nicht meine Sicht der Dinge. Aber wir Menschen sind unterschiedlich. Das respektiere ich.

Dem Mann mit den Dämonen hat es geholfen.

2.5   Meine Antrittspredigt in Nazareth

Andreas und Simon, Johannes und Jakobus begleiteten mich auf meinen Wegen durch die Gegend. Die Leute konnten sehen, dass ich kein Asket, kein Einzelgänger, kein „Spinner" war. In mir formte sich ein Verständnis für meinen Auftrag, für den Weg, den ich betreten hatte.

Bei meinem Rückzug in die Wüste gewann ich Klarheit. Entsprechend klangen meine ersten Predigten wie die Wasserpredigt im Boot von Simon in den Ohren meiner Hörer prophetisch. Ich zeigte meine Nähe zu den früheren Propheten. In die Linie ihrer kritischen Ansagen spurte ich ein und kehrte mit klaren Botschaften nach Nazareth zurück.

Nazareth war gleich geblieben, aber ich hatte mich verändert. Am Sabbat besuchte ich traditionell die Synagoge. Man kannte mich. Ich stammte aus einer synagogennahen Familie und zählte zum inneren Kreis der jüngeren Älteren. So reichte man mir die Schriftrolle und ließ mich vorlesen. Passender Weise erhielt ich einen Text des Propheten Jesaja. Mit Nachdruck las ich seine Ansage vor: „Der Geist des Herrn ruht auf mir. Der Herr hat mich gesalbt. Er hat mich gesandt, damit ich den Armen eine gute Nachricht bringe, damit ich den Gefangenen die Entlassung verkünde. Damit ich den Blinden das Augenlicht wieder gebe. Damit ich die Zerschlagenen in Freiheit führe. Damit ich ein Gnadenjahr des Herrn ausrufe."

Das waren vertraute Verheißungen. Doch ihren Verwirklichungen vertraute man überhaupt nicht. Die versammelten Männer kannten diese wunderschöne Stelle, diese märchenhafte Verheißung – oder soll ich sagen: Zusage des Herrn?

Ich reichte die Prophetenrolle wieder dem Synagogendiener und sollte den Propheten nun interpretieren. Erwartungsvoll blickten die Männer zu mir. „Du giltst als Rabbi in Kapernaum. Was hast du dazu zu sagen? Ich hätte stundenlang reden können, denn Jesaja lieferte mir brennende Stichworte. Zugleich spürte ich ein Brennen in meinem Herzen: Mein Leben würde sich mit der Auslegung dieser Stelle mischen. Langsam und immer sicherer werdend begann ich: „Heute habt ihr dieses Schriftwort gehört. Es erfüllt sich. Es erfüllt sich gerade."

Ihre Augen ruhten auf mir. Ich genoss diese herrliche Zusage: „Ist es nicht wunderbar: Die Armen hören von der Zusage des Herrn. Sie sind ihm wichtig. Der HERR orientiert sich nicht an der Macht. Die Gefangenen werden frei kommen. Armut brachte sie ins Gefängnis. Die Schulden schnitten ihnen das Leben ab, jetzt will der HERR sie freilassen. Die Blinden werden sehen. Der HERR verhilft zur Erkenntnis des richtigen Weges. Die Bedrückten, die vom Gewissen verfolgten spüren Vergebung. Der HERR sagt uns allen zu: Unser Leben wird von seiner Sonne durchstrahl. Ich möchte sagen: ‚Heute' geschieht das. Ihr hört es und es verwandelt sich in euch in Wirklichkeit. Für jeden beginnt das Erlass-jahr, das Gnadenjahr, die Befreiung vor dem HERRn." Statt „HERR" sagte ich natürlich „Adonai."

Sie schauten mich an. Dass ich mit einer warmen Stimme redete, weil ich es phantastisch fand, berührte manche.

„Unsere Thora nennt es ‚Jubeljahr', weil alles neu verteilt wird. Die Enkel der Armen müssen nicht mehr unter der Misswirtschaft ihrer Vorfahren leiden. Die Enkel der Reichen können sich nicht mehr auf der Macht ausruhen, die ihre Großeltern sich verschafften. Alle Kinder Abrahams stehen gleich nebeneinander. Das ist das Zeichen von der Herrschaft des Herrn, das Zeichen des Gottesreiches!"

Ich redete direkt vom Wirken des Herrn. Aber mit welcher Vollmacht durfte ich so reden, so, als erfolgte jetzt bereits die Umsetzung. Den Reichen klang die Botschaft bedrohlich. Manchen erschien es bedrohlich, dass sie nicht wussten, ob sie bei diesem Erlass gewinnen oder verlieren würden.

Wie sollten sie das Wort des Propheten verstehen? Mit welchen Ohren sollten sie diese Stelle aus meinem Wort hören? Am krassesten war die Zusage, der Gesalbte des Herrn riefe das Gnadenjahr des Herrn. In meinen Augen eine der besten Vorstellungen der ganzen heiligen Schriften! Das müsste man auf dem ganzen Erdkreis und den Inseln umsetzen: Nach sieben Sabbatjahren, nach neunundvierzig Jahren werden am Versöhnungstag, dem Jom Kippur, alle Schulden erlassen und alles wird neu verteilt! Jeder fängt von vorne an. Das Land wird neu verteilt, denn es ist Gottes Geschenk an sein ganzes Volk, nicht nur an einige wenige mächtige Männer. Aber wer wollte das hören? War ich im richtigen Kreis dafür?

Bald entstand große Unruhe, denn die Männer murrten: „Du bist doch der Sohn von Joseph! Jetzt spielst du dich als großer Prophet auf! Hältst du dich für so bedeutend wie unsere ehrwürdigen Propheten?!"

Das klang weniger nach einer Frage als nach einem Vorwurf. Einer zitierte mich: „‚Der Geist des Herrn ruht auf dir?' Der Herr hat dich gesalbt?"

„Was wollt ihr von mir? Ich habe nur die Schrift ausgelegt!"

„Du redest, als wärest du das selbst. Hältst du dich für den Gesalbten des Herrn?"

Einige schauten sich kopfschüttelnd an: „Er hält sich für den Messias!"

Andere kicherten: „Klar, wir haben mit dem Messias Verstecken gespielt. Wir haben mit dem Gesalbten gerauft!"

So ist es, wenn man in seiner Heimat etwas Ungewöhnliches zu sagen hat: Viele erinnern sich daran, wie das früher mal mit dir war. Sie können dich nicht einfach unvoreingenommen anschauen. Sie können nicht sehen, wer jetzt vor ihnen steht. Einige wurden persönlicher:

„Wir haben gehört, was man in Kapernaum von dir erzählt!" Von der Seite forderte einer mich auf: „Jetzt zeig es doch mal selber. Erzählen können die Leute viel!" Andere stimmen ein: „Ja, zeig es!" „Er soll es beweisen, wenn er schon hier ist!!"

Was sollte ich tun, wenn mich alle so ablehnend anschauten? Sollte ich einem Kranken die Hand auflegen? Sollte ich ein heftiges Fieber stillen?

Die armen Kranken in meiner Heimatstadt blieben krank. Nur Vertrauen wirkt heilsam – und auch nicht immer.

Einige fromme Synagogenbesucher steigerten wütend ihre Lautstärke. Sie schaukelten sich gegenseitig auf: „Der Sohn von dem Schreiner! Und jetzt will er ein großer Prophet sein!" „Prophet? Von Gott gesandt? Er lästert Gott!" „Er lästert Gott? Er hat den Tod verdient!" Immer mehr packte diese gemeinsame Wut.

Ihre Lautstärke ließ sie ertauben. Es war, um einen Vergleich aus dem 20. Jahrhundert zu bringen, als wäre ich in eine Veranstaltung von Faschisten geraten. Oder Gandhi befände sich in einer Menge von Nationalisten. Es hätte aber auch eine Synode zwei Jahrhunderte später sein können, wo man diskutierte, ob ich Mensch oder Gott sei, wo ‚Theologen' sich in meinem Namen die Köpfe einschlugen oder zur Hölle verdammten. Meine griechischen Zeitgenossen hätten vielleicht ihren Ostrazismus praktiziert: Die Menge der Anwesenden entschied, was mit mir zu passieren hätte. Die Männer in Nazareth wandten sich gegen mich. Sie näherten sich mit bösen Blicken und umringten mich. Es war bedrohlich. Es war ein Horror. Sie pufften und stießen mich. So trieben sie mich aus der Synagoge hinaus, aus der Stadt, zur Schlucht an der Seite. Als Kinder spielten wir hier. Die Warnung der Eltern, nicht zu nahe an den Abgrund zu gehen, überhörten wir gerne. Als Kinder näherten wir uns der Kante nur vorsichtig. Heute schoben sie mich aber unerbittlich in die Richtung der Schlucht. Es ging steil zehn Meter hinunter auf den Felsboden.

„Stürzt ihn in die Tiefe! Er hat Gott gelästert!" Das riefen Leute, deren Stimmen hinterher nicht mal sie selbst identifizieren könnten. Leute, die sich in der Menge versteckten. Die Menge war die Menge dieser Leute, die sich in sich selbst versteckten. Sie konnten mich umbringen und hinterher war es niemand. Denn es wären alle gewesen. Und alle sind niemand, wenn es um Verantwortung geht.

Doch niemand wagte den letzten Stoß. Ich blickte in die Augen der Umstehenden und ging dann durch eine Gasse, die sie zögerlich freimachten. Der Mob hätte alles gemacht, aber es waren zu viele Einzelne, die sich dann doch nicht wagten. Viele kannten mich ein Leben lang. Nein, in Wirklichkeit kannte mich niemand. Aber das war jetzt auch egal.

Ich ging als durch die Gasse, die sich wiederwillig vor mir öffnete. Ich ging weg. Ich verließ meine Heimatstadt.

Wusste eigentlich noch jemand, worum es in meiner ersten Predigt gegangen war?

Ja, ich wusste es: Diese Botschaft konnte mich das Leben kosten, denn in der ganzen Geschichte Israels war das Versprechen des Jubeljahres noch nie eingelöst worden. Es hätte die Reichen ihren Reichtum gekostet. Das konnte niemand wollen. Das konnte niemand wollen, der reich war. Wer reich war, war mächtig.

2.6 Maria aus Magdala

Menschen gewann ich lieb, wenn ich ihnen in die Augen schaute. Wenn ich jemandem Gottes Liebe zusprach, begannen seine Augen zu leuchten. Manche, die

sich zuvor krank fühlten, fühlten sich dann gesundet...
wie in Magdala.

Durch Magdala, die Stadt am See Genezareth, führte
die große Uferstraße. Dort pulsierte das Leben. Dabei
traf man die üblichen dunklen Seiten größerer Städte:
Kriminalität, Brutalität, Prostitution. Zwischen weißen
Fassaden wanden sich verrufene dunkle Sträßchen.
Hinter sauberen Wänden versteckte man Korruption
und Vetternwirtschaft, die Verbrechen der „anständigen
Menschen".

Vor dem Städtchen wuchsen knorrige Olivenbäume,
die wenig Schatten spendeten. Noch zweitausend Jahre
später stehen dort Bäume, unter denen ich mich damals niederließ.

Auf dem Marktplatz des Uferstädtchens predigte ich
gerne. Die Leute zeigten sich offen für neue Ideen und
wir Juden diskutieren für unser Leben gerne. Am liebsten diskutieren wir über Religion, denn da geht es darum, dass man Recht hat und behält. Je weniger sich
etwas beweisen lässt, desto heftiger muss es behauptet
werden. Und wenn die Argumentationsketten brüchig
werden und die Stränge nicht mehr stringent bleiben,
hat man noch Gott auf seiner Seite. Der ist nicht an Lo-
gik gebunden und unterstützt hundertprozentig deine
Argumentation – bis der Himmel auf uns runterfällt;
aber das ängstigte nur die Gallier, nicht uns.

In Magdala begegnete ich Mirjam. Mirjams kannte
ich eine Menge. Mirjam war ein Modenamen seit Mose
mit seiner Schwester. Das war nun auch schon 1200
Jahre her. Die Leute in Magdala – aufgeschlossen und
modern - nannten sie Maria. Das klang so schön rö-
misch. Zudem enthielt es unser aramäisches Wort für
„Herrin". Welcher Frau würde dieser Name nicht gefallen, vor allem, wenn sie dem horizontalen Gewerbe
nachging. Manche Römer bevorzugten „Domina", aber
es war egal.

Auch ich nannte sie Maria, so, wie sie Jesus zu mir
sagte und nicht Jeschua, wie mich meine Eltern genannt hatten. Maria kam mit einer üblen Geschichte zu
mir. Sie benahm sich von Anfang an auffällig. Sie fiel
mir sofort ist Auge. Eine hübsche Frau, die es verstand,
sich attraktiv zu kleiden und zu schminken. Unter den

Frauen in meinem Umkreis war sie vielleicht nicht die Schönste – das ist immer ein schwieriges Attribut -, aber bestimmt die Attraktivste. Manche Leute unterstellten, dass der Chef mit ihr ein Verhältnis hätte und folgerichtig dichtete man uns sogar ein gemeinsames Kind an. Was für ein Unsinn! Manchmal seufzte ich: „Leider!", denn ich mochte sie wirklich und fand sie sehr anziehend. Eine Frau, mit der man sich schmücken kann und ein Kind, das wäre auch was gewesen...

Aber Maria kam mit Problemen zu mir und so etwas nutze ich nicht aus. Ich saß unter einem holzigen Olivenbaum, als sie mich ansprach. Sie wirkte leicht exaltiert mit ihrer hohen, durchdringenden Stimme. Ich spürte gleich: Da stimmt was nicht oder auch ganz viel stimmt da nicht. Sie blickte mich herausfordernd an, wie sie einen Mann anschauen würde, den sie anmachen wollte. Dann aber verdunkelten Tränen ihre Augen und spülten die Lidschatten auf die Wangen. Trotzig zeigte sie ihre Zähne. Ihre Brust hob und senkte sich im heftigen Atmen. Dann wich die Kraft aus ihren Augen, die vollen Wangen schienen hohl zu werden. Schluchzte sie oder kicherte sie? Das konnte ich noch nie so richtig unterscheiden.

„Maria, was ist mit dir..."

„Nichts!"

„Du wirkst so aufgeregt...."

„Alles ganz normal. Ich bin eben eine lebhafte Frau." Sie lachte übertrieben fröhlich: „Meine Lebendigkeit reicht für sieben Weiber!" Darin schien sie einen Witz zu erkennen, aber welchen?

Sieben Weiber? Freilich ist sieben eine Zahl, mit der viel herumgespielt werden kann. Aber bei ihr? Oder sollten es sieben Kräfte sein, die in ihr gegeneinander agierten?

In der griechischen Amtssprache hießen Kräfte „Daimones". Ich stellte es mir manchmal so vor, dass kleine Wesen in einem Menschen herumtobten. Wenn ich Bauchgrimmen hatte, fühlte es sich auch so an, als würden Zwerge in meine Innereien mit kleinen Lanzen sticheln...

Ich ließ Maria reden. Es war wie ein Wasserfall oder gar wie ein Pulk von Wasserfällen. Sie ereiferte sich, verwickelte sich aber immer wieder in Widersprüche, obwohl ich mich gar nicht einmischte: In ihr herrschte ein Wirrwarr. Nein, der herrschte nicht. Herrschen bedeutet Ordnung und Wirrwarr das Gegenteil.

Mitten im Wörterchaos nahm ich sie in den Arm. Da begann sie zu schluchzen. Das war nun überhaupt kein Wirrwarr, sondern die Wasserfälle vereinigten sich zu einem einzigen, der aus ihren Augen rann.

Ich spürte: Die Tränen schwemmten etwas aus ihr heraus. Weinen kann reinigen.

Ich ließ sie weinen und erzählen und schweigen und erzählen und weinen und... Wir hatten Zeit. Der Himmel war blau. Ein paar weiße Wölkchen wanderten Richtung Gebirge. Aus der Ferne hörten wir Schafe blöken. Unten aus dem Ort drang Stimmengewirr zu uns herauf. Manchmal rief jemand. Oder es erklang ein Lachen. Bei uns war ein Schutzraum. Fast schon paradiesisch.

Als die Tränen versiegten und sie ruhiger wurde, erzählte sie: „Die Leute nennen mich die Frau mit den sieben Dämonen." Das klang übel. Keiner wollte mit ihr zu tun haben, denn die Dämonen konnten überspringen. Und gleich sieben: Da wusste man nie, wie man mit ihr dran war.

An vielen Tagen trafen wir uns unter dem Olivenbaum. Er verwandelte sich zum Baum der Heilung. Ihre Tränenströme versickerten im trockenen Boden. Die Tränen spülten die bösen Kräfte aus ihr heraus.

Tränen! Da denke ich an jene seltsame Begegnung mit ihr, als sie sich vor mir nieder kniete, mit ihren Tränen meine Füße wusch und mit ihren herrlichen lockigen Haaren sie wieder trocknete. Sie schenkte mir so viel bedingungsloses Vertrauen! Ich spürte ihre Liebe wie klares Wasser an einem heißen Tag.

Was für eine anrührende Geschichte. Ich war zu Gast bei Simon, einem interessierten Mann aus Magdala, der mich zum Essen eingeladen hatte. Er gehörte zu den Pharisäern. Mit den Pharisäern konnte ich gute Gespräche führen, weil sie meistens wie ich aufrichtig am rechten Weg interessiert waren. Ihnen ging es darum, Gott zu gefallen. Manche würden auch sagen, es ging ihnen darum, gute Menschen zu sein. Für die meisten war dies identisch.

Wir saßen beim Essen zusammen, als Maria erschien. Sie schien sich hereinzuschleichen. Sie wollte sich nicht aufdrängen, aber sie wollte unbedingt zu mir. Der Gastgeber und die anderen Gäste erkannten sie, aber sie hatten keine Ahnung, dass ich mit ihr schon zu tun gehabt hatte. Maria hatte einen schlechten Ruf. Sie galt als Hure. Das wusste ich zwar, aber auf so etwas achtete ich in der Regel nicht.

Sie trug hübsche Kleidung und hielt ein kleines Gefäß aus Alabaster mit Parfüm in ihren schlanken Fingern. Ich spürte ihren Atem, ihre Wärme, ihre Nähe und dann kam sie von hinten um mich herum. Dass Tränen aus ihr flossen, kannte ich vom Ölbaum. Diesmal flossen die Tränen auf meine Füße und mit ihren Haaren trocknete sie die Füße wieder ab. Dann spürte ich etwas sehr Zartes: Mit ihren Lippen berührte sie meine Haut. Dann zerbrach sie ihr Alabasterfläschchen und goss vorsichtig Parfüm über meine Füße. Wie wohltuend für meine Haut! Der Duft stieg zu mir auf.

Sie verströmte einen betörenden Duft. Aber durch diesen Duft drangen atmosphärische Stimmen, die unangenehm klangen. Ich merkte, was da abging: Simon kannte den schlechten Ruf der Frau und als anständiger Mann sorgte er sich um meinen Ruf. Jemand, der vor Gott gut da stehen wollte, durfte sich nicht mit Huren abgeben. Ich verstand ihn. Ich kannte diese Welt. Aber ich stand auf der anderen Seite. Ich stand auf Gottes Seite. Ich stand auf der Seite der Liebe. Wie sollte ich mich ihm verständlich machen? Er glaubte ja auch, auf Gottes Seite zu stehen.

Meine Erfahrung war: Wenn es in einer Diskussion kritisch wird, hilft oft eine Geschichte weiter. Ich blickte Simon an: „Schau, das erinnert mich an jenen Geldverleiher, bei dem Schuldner erschienen. Einer hatte fünfhundert Denar Schulden, der andere fünfzig. Aber beide konnten nicht zahlen. Da erließ der Verleiher beiden die Schulden. Wer, Simon, glaubst du, freute sich wohl mehr von den beiden?"

Simon spielte das Spiel mit: „Natürlich der mit den großen Schulden."

Ich nickte: „Und so ist es doch auch bei uns. Du denkst, dass Maria sehr viele Schulden bei Gott hat. Wir beide denken, dass wir relativ gut da stehen, aber doch auch unsere Schulden bei Gott haben. Wenn nun Gott sagt. Ich vergebe dir!, was glaubst du, wer sich da besonders freut?"

Simon spielte das Spiel mit. Er hatte verstanden: „Ich kann mich freuen, wenn ich nicht so viele Schulden habe, aber sie kann sich freuen, wenn sie zu dir kommen kann, obwohl..."

Ich nickte: „Simon, das hast du glasklar erkannt. Du wirst merken, wie dir diese Erkenntnis gut tut. Du musst nie mehr in Konkurrenz zu anderen sein. Du musst nie mehr anderen beweisen müssen, was für ein guter Mensch du bist. Es reicht, wenn du spürst, dass Gott dich mindestens so lieb hat wie diese Hure hier."

Simon schluckte. Aber er würde es verstehen.

„Ich sage dir noch etwas: sie hat schon vielen Menschen Liebe gezeigt. Da passt es auch, wenn ich ihr ihre Sünden vergebe."

Das war jetzt sehr ungeschickt. Denn die Gäste begannen, über mich zu reden: „Wie kann dieser Zimmermann es wagen, Sünden zu vergeben. Das kann doch nur Gott!"

Ich sagte zu Maria: „Maria, ich danke dir. Du kannst ruhig heimgehen." Das tat sie dann auch. Aber ich musste wieder einmal in diese fruchtlosen Diskussionen eintreten. Gut, dass Simon über wirklich leckeren Wein verfügte. Das ließ mich manche heuchlerische Ansicht leichter ertragen. Obwohl ich natürlich weiß: Alkohol ist keine Lösung.

2.7   Aussatz! Ein tödliche Diagnose

Obwohl ich eigentlich als Prophet wirkte und das Zentrum meiner Botschaft die Nähe des Reiches Gottes war, begleitete mich durch diverse heilsame Begegnungen das Thema „Krankheit" und „Heilung". Einerseits freute es mich, wenn es Menschen besser ging, andererseits heischten Menschen immer wieder nach Sensationen. Das ist nun gar nicht meine Welt. Ich will spüren lassen: Gott ist dir nahe. Das kann heilsam wirken. Doch es gibt eine unerwünschte Nebenwirkung: Das

Wundersame an einer unerwarteten Heilung steht zwischen Gott und dir. Jede Begegnung, von der später als „Heilung" erzählt wurde, hatte eine eigene Geschichte. Nein, das „Allheilmittel Jesus" wirkte nicht automatisch flächendeckend. Doch darauf achteten Sensationserzähler nicht.

Eine unserer übelsten Krankheiten war Aussatz. Bei uns hieß sie „Zaraat", in der Weltsprache Griechisch nannte man sie „Lepra". Aber durch unseren Umgang mit der Krankheit wurden Leprakranke zu Aussätzigen. Bei wem diese Krankheit festgestellt wurde, den setzte man „aus dem Dorf heraus". Es gab eigene kleine Weiler speziell für diese Kranken. Das machte man nicht nur bei uns so. Heute würde man „Quarantäne" verordnen und wissen ganz viele, dass es wie „ausgegrenzt", „ausgestoßen" wirkt. Wer outet sich schon gerne als Träger einer bösen, ansteckenden Krankheit!

Was Lepra wirklich war, wussten nicht einmal die Priester, obwohl sie zuständig waren, eine eventuelle Gesundung zu „diagnostizieren". Sie sollten aufgrund der Heiligen Schriften, der Thora erkennen, ob jemand diese Krankheit hat oder nicht. Heute würde man sagen: Sie zählten jeden mit einer sichtbaren Hautkrankheit dazu. Ihr Urteil fällten sie nur aufgrund sichtbarer Zeichen. Heute grenzt man Lepra ein auf eine Krankheit, die extrem bösartig ist: Ein Mykobakterium bewirkt, dass Nerven zerstört und Schmerzen nicht mehr wahrgenommen werden. Wenn man daher auf Verletzungen werden nicht reagierten kann, folgen Entzündungen, die oft zum Absterben von Fingern oder Zehen und auch Blutvergiftungen führen: grässlich. Tödlich!

Zwischen einer Hautkrankheit und einer Nervenkrankheit liegen Welten. Aber das konnten die Priester nicht erkennen. Die einfachen Leute sowieso nicht und daher wurde schnell jemand zu den Aussätzigen gerechnet, obwohl er vermutlich nicht mal eine ansteckende geschweige denn eine tödliche Krankheit hatte.

So ein Aussätziger näherte sich mir. Das durfte er nicht! Doch plötzlich war er da, kniete vor mir und behauptete: „Wenn du es willst, kannst du mich reinigen!"

Konnte ich das? Ich konnte ihm zusprechen, dass ich auf seiner Seite war, dass ich sein Leben und die

Fülle seines Lebens wollte. Ich war kein Mediziner, ich hatte keine Ahnung von Lepra. Ich spürte aber die Verzweiflung dieses Mannes. Ich fasste ihn an. Ich spürte seine Knochen durch die Haut: „Sei gereinigt!"

Machte dies etwas mit seiner Haut? Ich konnte es nicht beobachten. Aber später kam er zu mir: „Jesus! Du hast Wunder gewirkt! Ich fühle mich geheilt!"

Das war wunderbar! Aber ganz so einfach war es doch nicht. Erst musste diese Heilung offiziell anerkannt werden, damit er zurück ins normale Leben durfte. Also schickte ich ihn zu den Priestern: „Zeige dich bei den Priestern und lasse sie alles anschauen. Wenn du im Tempel bist, dann bringe ein Opfer der Dankbarkeit, so wie Moses es vorschreibt."

Bevor er ging, mahnte ich ihn noch: „Tu mir den Gefallen: Erzähle niemand von dem, was hier passiert ist! Kein Wort zu einem anderen Menschen!"

Ich wollte nicht als „Wunderheiler" gelten. Denn ich kannte meine Grenzen und wusste, was sich zwischen mich und meine Botschaft schieben könnte: „O Jesus! Tu Wunder! O ja, du bist Gottes Sohn! Du heilst selbst die Todkranken! Du erweckst sogar die Toten zum Leben!"

Das konnte ich nicht gebrauchen. Aber ich hätte es mir denken können: Kaum war der Mann für geheilt erklärt worden und aus Jerusalem zurück, erzählte er seine Geschichte überall herum. Jetzt war ich der Wunderheiler, der ich nie werden wollte. Ich konnte nicht mal in eine Stadt hineingehen, ohne sofort bedrängt zu werden, Wunder zu tun. Ich zog mich in die Einsamkeit zurück. Aber wie durch ein Wunder erfuhren viele Menschen, wo ich war. Sie kamen sogar zu mir, als ich in die Wüste geflohen war. Die Wüste half nicht und ich spürte: Ich muss zurück zu den Menschen. Ich muss das aushalten.

2.8   Der Hauptmann und der Befehl

Wieder zurück in Kapernaum suchten mich eines Tages ein paar Älteste der Synagoge auf. Sie kamen im Auftrag eines römischen Hauptmanns.

„Rabbi", sagten sie, „wir kommen von einem Hauptmann, der sich sehr um unsere Synagoge kümmert. Er hat einen Sohn, den er liebt und der todkrank ist. Wir flehen dich an: Hilf ihm!"

Ich überlegte: Ein römischer Hauptmann? Ein Besatzer? Ein Angehöriger einer fremden Religion? Was hatte ich mit ihm zu schaffen? Er sah in mir vermutlich nur einen verkappten Wüstensohn, einen Araber. Halt, nein, wenn er sich um die Synagoge kümmerte, gefiel ihm wohl unsere Religion und unsere Religion deckt sich mit unserem Volk. Aber er als einflussreicher, stolzer Römer und ich als armseliger jüdischer Rabbi mit meinen schwarzen Locken?

Andererseits sah ich die Ältesten von der Synagoge. Sie fühlten sich ihm gegenüber in der Schuld, weil er die Synagoge unterstützte. Ich vermutete, dass da nicht wenig Geld floss.

„Gut. Gehen wir!" Wir gingen durch die engen Gassen und suchten den Schatten nahe der niedrigen Häuser. Unweit des ansehnlichen Hauses, das der Hauptmann bewohnte, kamen uns Leute entgegen.

„Der Hauptmann schickt uns."

War der Sohn gestorben? Doch nein, ihre Botschaft verwunderte mich: „Meister, der Hauptmann schickt uns. Er lässt dir sagen: ‚Ich bin aus deiner Sicht ein Ungläubiger. Du wirst unrein, wenn du mein Haus betrittst. Deshalb bin ich auch nicht in Person zu dir gekommen. Sag doch nur ein Wort zu meinen Dienern, damit mein Sohn gesund wird.'"

Ich blickte die Leute an: „Wie kommt er auf so eine Idee?"

Einer seiner Leute antwortete: „Er ist Soldat. Er muss Befehlen gehorchen. Er ist ein Hauptmann, er kann Befehle erteilen. Wenn er einem Soldaten sagt, er soll gehen, dann wird der gehen. Wenn er einen ruft, zu kommen, kommt der!"

Ein anderer ergänzte: „Wenn er uns Dienern sagt, wir sollen dies oder jenes tun, dann tun wir es!"

Was war denn das für eine Argumentation? Der Hauptmann verblüffte mich. Ich sollte über Krankheit und Gesundheit gebieten wie ein Feldherr und noch dazu aus der Ferne. Was musste der Mann für ein Vertrauen in mich haben!

Ich wandte mich an meine Jünger: „Schaut euch das an! So ein Vertrauen habe ich unter meinen Leuten noch nicht erlebt!" Und den Männern sagte ich: „Geht zurück. Dieses Vertrauen wird den Sohn gesund werden lassen."

Sie gingen. Später hörte ich, dass der Sohn wirklich gesundet war. Was für ein Vertrauen! Was für eine Wirkung des Vertrauens!

Soll ich erklären, wie das ging?

Nein, ich werde es nicht erklären. Ich kann es nicht erklären. Ihr könnte es ruhig ein Wunder nennen. Ich werde nicht widersprechen. Aber nagelt mich bitte nicht an das Wunderkreuz!

2.9   Ein Loch zum Himmel

Ich habe ein paar Lieblingsgeschichten. Gerne erzähle ich die mit dem Loch zum Himmel.

Ich erlebte es in Kapernaum. Die Menschen kamen sogar zu meinem Haus. Manchmal fand ich das ganz gut, denn da konnte ich ausführlich reden, da konnte ich Geschichten von Gott erzählen, die den einen oder anderen bewegten.

Diesmal stellte ich mich in den Türrahmen. Hinter mir standen meine Jünger, vor mir die unüberschaubare Zahl der Zuhörer, dichtgedrängt in der Gasse.

Auf einmal zuckte ich zusammen. Hinter mir war etwas passiert. Eine große Unruhe entstand unter den Jüngern. Ich schaute mich um und traute meinen Augen kaum: Äste und Lehm aus der Dachdeckung lagen verstreut auf dem Boden. Ich schaute zur Decke. Ich sah den Himmel. Denn im Dach hatte jemand ein großes Loch gemacht und... Unglaublich: Durch dieses Loch ließen ein paar Männer, deren Köpfe immer wieder durch die Luke schauten, an einigen Seilen eine Matte herunter, auf der ein Mann kauerte. Was sollte das?

Das zu erraten brauchte es weniger Phantasie als auf die Lösung des Umweges über das Dach zu kommen: Als die Männer mitbekamen, dass ich da war, wollten sie nicht nur Geschichten hören, sondern hofften auf Heilung ihres Kranken. So schleppten diese vier Männer ihren gelähmten Freund zu mir... bis sie nicht mehr durch die Menge kamen. Es war aussichtslos.

Aber sie entwickelten eine ungewöhnliche Strategie. Sie trugen den Kranken auf der Matte um das Haus herum. An der Rückseite hievten sie den Kranken aufs Dach. Vermutlich kletterten zwei hoch und die anderen schoben dann nach... Auf alle Fälle gelang es. Oben gruben sie dann ein Loch durchs das Dach. Das war zwar unverschämt, aber ihr Anliegen erforderte ungewöhnliche Maßnahmen. Durch das Loch ließen sie ihren gelähmten Freund hinunter und dann kam ich ins Spiel, dann entdeckte ich, was für ein Spiel sie trieben.

Ich steckte mitten in meiner Predigt. Es ging um Gott und jeden Einzelnen. Zwischen Gott und jedem stehen die Sünden. Diese Barriere lässt sich nur durch Vergebung zerstören. Die Vergebung muss von Gott kommen. Sie ist nicht künstlich herbei zu führen, etwa durch Opfer oder Ausgleichshandlungen.

Gebannt beobachtete ich, wie der Mann vorsichtig auf den Boden balanciert wurde. Erwartungsvoll schaute er mich an. Ich trat einige Schritte zu ihm, hob meine Hand: „Groß ist euer Glaube. Groß ist dein Vertrauen. Sohn Abrahams, dir sind deine Sünden vergeben." Glücklich schaute er mich an. – Nein!!! Verständnislos schaute er zu mir.

Doch bevor er oder ich etwas machen konnten, schoben sich hinter mir ein paar der besonders klugen Zuhörer, kundig der Heiligen Schriften, durch die Tür in den Raum. Sie sahen, sie hörten und sie flüsterten empört: „Wie kann dieser Mensch so reden?" ‚Dieser Mensch' war ich. „Das ist doch Gotteslästerung!" hörte ich. „Sünden vergeben kann Gott allein, nicht dieser Rabbi aus Nazareth!"

Sie sagten es mir zwar nicht ins Gesicht, aber ich musste reagieren. Immerhin verstand ich die Tiefe ihrer Frage: Kann ein Mensch einem anderen Menschen seine Sünden vergeben? Wenn mir einer weh tut, kann ich ihm vergeben. Aber wenn jemand einem anderen geschadet hat, kann ich das nicht vergeben. Die Vergebung Gottes wiederum ist etwas anderes. Sie beseitigt, was zwischen Gott, dem Vater und seinem Kind steht. Das Zwischenmenschliche muss anders geregelt werden.

Konnte ich also Sünden vergeben? Ja, ich hatte diese Vollmacht. Das merkte ich seit meiner Taufe. Aber wie sollte ich ihnen das klar machen? Gar nicht. Doch ein Trost blieb mir: Ich könnte sie überraschen. Denn ich hatte Zugang zu meiner Ausstrahlung und...

„Jetzt stelle ich euch eine Frage, die gar nicht so leicht zu beantworten ist. Was ist leichter: Dass ich zu diesem gelähmten Mann sage: Dir sind deine Sünden vergeben. Oder dass ich sage: Steht auf, nimm deine Matte und geh!"

Sie schauten sich gegenseitig an. Die Antwort war wirklich nicht leicht. Es waren zwei völlig verschiedene Aktionen. Aber eins war klar: Sollte der Gelähmte wieder gehen können, würde man das sehen. An dieser Stelle zumindest wäre erkennbar, dass ich meine Grenzen überschritt.

Ich wartete keine Antwort ab. Es wäre nur eine unfruchtbare Diskussion geworden. Also wandte ich mich dem Gelähmten zu: „Steh auf! Nimm deine Matte und geh!"

Natürlich glaubte er mir nicht wirklich. Er schaute nach oben zu seinen Freunden und sah den Himmel. Da fasste er sichtbar Mut und... erhob sich, zu seinem eigenen ungläubigen Erstaunen: „Ich kann stehen!" Er ging ein paar Schritte: „Ich kann gehen!!"

Jubel erscholl von oben. Die Engel, die ihn gebracht hatten, jubelten: „Du bist gesund!"

Weit kam er freilich nicht, denn der Ausgang war durch die zahlreichen Zuhörer verstopft. Aber was immer ihn gelähmt hatte, hatte ihn nun nicht mehr im Griff.

Wenn es nach mir gegangen wäre, wäre die Heilung ein Lohn für die phantasievolle Aktion der Freunde gewesen. Sie hatte einen Lohn verdient. Aber in Wirklichkeit war es eher so, dass ihn etwas von der Tiefe des Lebens getrennt hatte. Bei mir hatte er die Kraft der Liebe aus der Tiefe gespürt. Kann so etwas eine Lähmung heilen?

Andere Frage: Was lähmt uns eigentlich alles?

2.10 Levi, der Hintertriebene

Die Städte und das Gewerbe, das war eine Sache für sich. Ebenso die Steuern, die öffentlichen Einnahmen. Vor Ort regelten die Römer viel über den Zoll: Du gehst in eine Stadt, um dort auf dem Markt etwas zu verkaufen. Da kommst du am Stadttor am Zoll vorbei und die Zöllner begutachten deine Ware. Dann legen sie den Zoll fest. Und du weißt genau: Bakschisch wollen sie auch noch, die Verbrecher! Aber wenn man seine Waren in der Stadt verkaufen wollte, musste man wohl oder übel auf die Bedingungen eingehen. Anzeigen konnte man auch keinen. Das wäre ja noch schöner gewesen, wenn jemand im Auftrag der Obrigkeit arbeitet und man ihn anzeigen kann. Es war schließlich nicht billig, eine Stelle als Zöllner zu bekommen. Ein bisschen von dem Geld musste auch nach oben fließen – also, ein bisschen von dem Bakschisch, das an des Königs Kassen vorbei ging.

In Kapernaum kannte ich vom Sehen einen Zöllner namens Levi. Er trug den Namen jenes Erzvaters, dessen Nachfolger für den Tempel in Jerusalem zuständig waren. Unser Levi aber war für Steuer und Zoll in der Kleinstadt zuständig. Damit ging es auch bei ihm um Bakschisch. Damit erlebten ihn die Leute als Betrüger.

Ich war auf dem Weg zum Hafen, als ich am Zoll vorbei kam. Levi schaute mich neugierig, ja, sogar ein bisschen lächelnd an. Hatte er eine meiner Predigten gehört? Hatte ihm die Botschaft vom nahen Reich Gottes gutgetan. Irgendetwas geschah zwischen ihm und mir. Zumindest in mir geschah etwas: Ich mochte ihn.

Ich näherte mich den Zolltischen, schaute ihn an und winkte ihm zu: „Levi, komm mit. Schließ dich mir an!" Er packte tatsächlich sein Bündel und kam mit.

Abends kam er zu mir nach Hause. Bei mir wurde es manchmal ziemlich eng, so auch diesmal. Levi, neu im Kreis brachte gleich noch ein paar Bekannte mit. Natürlich nicht aus den besseren Kreisen, sondern die, von denen die gesetzestreuen Leute abwertend murmelten: „Sündergesindel!"

Ich hörte auch, wie so manche flüsterten: „Naja, so weit kann es mit diesem Jeshua nicht her sein. Er hockt mit Zöllnern, mit Sündern zusammen." „Genau. Wenn man zusammen isst, betet man um Gottes Gegenwart. Kann Gott bei Sündern sein?" Sie blickten sich an und schüttelten die Köpfe.

Stopp! Da musste ich mal ein klares Wort ausprechen. Ich stand also auf und ging zu den versammelten Nachbarn: „Leute, ich fasse mich kurz: Wenn einer gesund ist, holt mein keinen Arzt, oder? Wenn jemand krank ist, braucht er einen Arzt! Was glaubt ihr denn, zu wem Gott seinen Boten schickt? Zu den Gerechten oder zu den Sündern? Wenn ihr in Ordnung seid, dann freut euch darüber. Aber bitte ärgert euch nicht, wenn Gott es mit allen Menschen gut meint, auch mit den Kranken – und auch mit den Sündern."

Das war quasi mein Wort zum Sonntag und ich kehrte zurück zum Essen. Nun hatten sie einen zentralen Satz, über den sie lange diskutieren konnten – und bei dem sie sich persönlich entscheiden mussten.

Ich sage es einmal in einer abgehobenen Sprache: Die arrivierten Leute der Gesellschaft bildeten eine große Gruppe bei denen, die durch meine Botschaft implizit angegriffen wurden. Sie fanden keineswegs alles hervorragend, was ich sagte, aber an ihren ganz unterschiedlichen Reaktionen merkte ich wieder einmal: Du darfst die Leute nicht über einen Kamm scheren. Du musst Erfahrungen mit ihnen machen und du musst ihnen Zeit lassen. Da kannst du eine Menge Überraschungen erleben.

Was mich immer wieder nervte: Die Leute versuchen, sich bei dir einzuschmeicheln. Ich merkte das vor allem, wenn ich zum Essen eingeladen wurde und als „Ehrengast" galt. Passend zu mir positionierte der Gastgeber die anderen Gäste. Er achtete genau auf deren soziale Position und wenn er das vergaß, achteten die anderen auf diese Positionen

Ich musste reagieren. Meine fiktive Geschichte beleuchtete freilich die Situation so eindeutig, dass sie kaum als reine Unterhaltung missverstanden werden konnte:

„Ein angesehener Mann war zur Hochzeit eingeladen. Er wusste um seine gesellschaftliche Stellung und setzte sich gleich oben an die Tafel, in die Nähe des Brautpaares. Aber wie peinlich: Dann erschien jemand, der offenbar eine bessere Position hatte. So musste er seinen Ehrenplatz räumen und hinunterrutschen. Das heimliche Grinsen der anderen brannte ihn wie Nesseln.

Geschickter verheilt sich ein anderer Mann. Er setzte sich gleich unten ans Ende der Tafel, weil er wusste: Es kommen noch viel wichtigere Männer als ich. Doch der Gastgeber trat zu ihm: Lieber Freund, bitte setze dich nach dort oben. Ich will dich in meiner Nähe haben."

Ja, so ist es: Wer sich selbst größer macht, wird bei Gott niedriger gemacht. Wer sich selbst demütig verhält, der wird geehrt.

Nimm dir dies auch als Vorbild für deine eigenen Veranstaltungen: Wenn du immer die Einflussreichen einlädst, was zeigt das? Nichts! Aber wenn du die Armen einlädst, dann zeigt dies: Du teilst Gottes Liebe zu denen, die zu kurz gekommen sind. Wenn du nur dem etwas gibst, der dir etwa geben kann, was bedeutet dies? Nichts. Besonders ist es, wenn du jemandem etwas zukommen lässt, der nichts zurückgeben kann. Dann passt du zu Gott! Glaube mir, das Beste ist: Wenn du dir nicht einbildest, Gott etwas bieten zu können, dann erst kannst du etwas von ihm bekommen. Darüber lohnt es sich immer wieder nachzudenken.

3 Unterwegs in Galiläa

3.1 Zwölf Freunde, die gerne feiern

Levi zog also mit mir. Seit der Predigt auf dem Wasser scharten sich viele Menschen um mich. Mit einer Auswahl wollte ich verdeutlichen, dass es mir um ganz Israel ging. Ich könnte durch meine Schüler die legendären zwölf Stämme Israels symbolisieren. Die zwölf Stämme als Folge der Kinder Jakobs hatte in dieser Form nicht gegeben; so stand es in der Thora. Aber als Symbol taugte die Zwölf recht gut.

Mir lag an dieser Symbolik. Levi repräsentierte mit seinem Namen einen klassischen Stamm, ebenso Simon. Zu Simon gehörte sein Bruder Andreas und damit auch ihre beiden Freunde Johannes und Jakobus, die

Söhne des Zebedäus. Scherzhaft nannte ich sie „Donnersöhne" - in unserer Sprache „Beni Raahs". Philippus und Thomas, Bartholomäus und Jakobus, Alphäus Sohn, Simon, der Kanaanäer, Judas Iskariot und Thaddäus vervollständigten meinen engsten Kreis.

Sie unterstützten mich in der Verkündigung, indem sie parallel zu mir durch die Gegend rund um das Galiläische Meer zogen. Wenn wir uns dann wieder trafen und austauschten, ließen wir es uns gut gehen: Essen und Trinken hält Leib und Seele zusammen.

Freilich: Bei uns als waschechten Juden gab es gleich Diskussionen um meine Jünger. Anhänger von Johannes, dem Täufer und Pharisäer taten sich zusammen. Sie nahmen alles sehr ernst. Soll ich sagen „furchtbar ernst"? fragten mit einem abwertenden Unterton: „Wie ernst ist es euch mit dem Glauben? Wer sich an Johannes hält, achtet auf das Fasten. Wer sich zu den Pharisäern zählt, achtet auf das Fasten. Aber deine Jünger fasten nicht. Schätzen sie die Gebote so gering?"

Ich behalf mir mit einem Vergleich: *„Stellt euch eine Hochzeitsgesellschaft vor und den Bräutigam mittendrin. Was werden sie tun? Schlemmen!. Denn es kommt die Zeit, wo die Hochzeit vorbei ist, wo der Bräutigam nicht mehr da ist. Dann können sie immer noch fasten. Aber auf einer Hochzeit? Wer würde das tun? Wir verschieben doch eher eine Hochzeit, wenn wir nicht für Essen und Trinken im Überfluss sorgen können. Wenn der Bräutigam da ist, wird gefeiert!"*

Sie schauten mich fragend an. Gerade sie wussten, dass „der Bräutigam" bei uns ein Symbol für das Reich Gottes ist.

Feiern, Feste und Fasten passt nicht zusammen. Sollte die Tradition eine fröhliche Gegenwart lähmen?

Ich griff nach meinem Ärmel und hielt ihn hoch: „Nehmt ein altes, verbrauchtes Kleidungsstück: Näht ihr da einen neuen Stoff darauf? Nein, denn ihr wisst: Nebendran reißt der alte Stoff wieder und dann ist der neue auch verdorben."

Sie ahnten schon, dass der neue Stoff das war, was ich von Gott erzählte.

„Oder denkt an den Wein! Wenn ihr jungen Wein habt, der noch in der Gärung ist: Füllt ihr den in die bewährten alten Weinschläuche? Nein, denn der junge Wein zerreißt die alten, harten Schläuche. Junger Wein, der die Kraft des Gärens hat, gehört in neue Schläuche aus dehnbarer Haut."

Das verstanden sie, soweit es um Wein ging. Was sie noch verstehen mussten: Wenn jemand meine Botschaft hört, dann bewegt ihn das. Er übernimmt nicht eine Rechenbotschaft mit einem klaren Ergebnis, er hört meine Botschaft so, dass sie sich auf seine Lebensauffassung auswirkt.

Mancher Hörer fühlte sich wie ein Jugendlicher, der alles neu entdeckt. Wir wissen alle, wie unbeherrschbar Jugendliche sind, die ihre neue Welt erobern,. Mein Vater Joseph hat das mit mir erlebt und dessen Vater mit ihm. Meine Jünger waren praktisch in der Pubertät ihrer Religion. Da brauchte man flexible Fassungen, „Schläuche".

3.2   Macht Wasser sauber oder rein?

Manche Diskussionen entzünden sich an banalen Situationen. Auch mich störte, dass meine einfachen Freunde ihr einfaches Brot einfach so aßen, ohne sich die Hände zu waschen. Ich wusste, dass dieses Gebot, sich die Hände zu waschen, etwas Besonderes in unserer Gegend war. Viele Fremde wunderten sich, dass Krankheiten bei uns nicht so um sich griffen. Ich sah da einen Zusammenhang.

Deshalb stand ich voll auf der Seite der Pharisäer, wenn sie sich vor dem Essen die Hände wuschen. Manche nahmen es besonders ernst und wuschen auch die Früchte, bevor sie sie aßen. Meistens spülten sie auch das Essgeschirr ab, die Krüge, die Becher, die Kochkessel. Ich war dafür.

Jetzt fragten sie mich und wieder einmal nicht meine Jünger, weil ich für sie in ihren Augen verantwortlich war -, weshalb sie sich vor dem Essen nicht die Hände wuschen.

Fragten sie mich aufrichtig? Oder wollten sie nur mit streiten? Ich steuerte das Grundsätzliche an: „Ihr könnt essen, was ihr wollt. Das Problem ist doch nicht, ob ihr wascht, was ihr esst oder eure Hände wascht – das ist im Prinzip gut, aber: Das eigentliche Problem ist doch: Was kommt denn aus euch heraus? Was sagt ihr? Was tut ihr?"

Verstanden sie mich? „Nicht was in dich hineinkommt, ist problematisch, sondern was aus dir herauskommt. Darüber könnt ihr ewig diskutieren, wenn ihr wollt, aber ihr wisst bestimmt, was ich meine. Das ist das Entscheidende. Es geht nicht um den Dreck, der in dich hineinkommt, sondern den, der aus dir herauskommt: Wer nur äußerlich sauber, aber innerlich unrein, ist ein Heuchler."

Ich griff zu einem konkreten Beispiel: „Ihr kennt die Gebote des Herrn. Eines lautet: ‚Du sollst Vater und Mutter ehren.' Was ist damit gemeint? Sollst du höflich zu ihnen sein oder sollst du sie besonders anreden? Nein, gemeint ist etwas ebenso Einfaches wie Grundlegendes: Wenn sie nicht mehr für sich sorgen können, weil sie alt oder krank sind, dann sollst du für sie sorgen. Es geht nicht darum, wie du über sie denkst, sondern dass du zuverlässig für sie einstehst, wenn sie selbst das nicht mehr leisten können."

Meine Zuhörer blickten sich an. Das verstanden sie, das war selbstverständlich. Wo sah ich das Problem?

„Schaut her! Nun habt ihr eine besondere Regel geschaffen. Jemand sagt zu seinen Eltern: Das, was euch zusteht, soll ein Opfer für den HERRn werden, ein Korban. Wenn das Versorgungsgeld ein Opfer für den HERRn ist, seid ihr die Verantwortung für die Versorgung eurer Eltern los, weil das Geld dem HERRn gehört. Wann ihr das Geld dem Tempel zukommen lasst, liegt in eurer Hand: vielleicht erst bei eurem Tod. Aber die Eltern werden von euch nicht mehr versorgt.

Was soll ich davon halten? Ihr habt den klaren Willen Gottes, aber in der Realität findet ihr immer Auswege, ihm doch nicht nachzukommen. Anderes Beispiel: das Jubeljahr, wo aller Grundbesitz dem ganzen Volk zurückgegeben wird und dann neu zwischen allen verteilt wird. Nie habt ihr das durchgesetzt. Aber ob man sich die Hände vor dem Essen wäscht, das ist für euch wichtig. Pfui! Aus eurem Mund kommt oft genug etwas, das ekliger ist als das, was meine Jünger mit ungewaschenen Händen essen!"

Ich schaute mich um. Manche blickten betroffen, andere gelangweilt, manche überheblich. Darum stellte ich mich in eine Reihe mit den Boten des Herrn, die bei ihnen anerkannt waren. „Wie lest ihr bei Jesaja: ‚Mein Volk kommt mit Ehrfurcht auf den Lippen zu mir, aber sein Herz ist weg von mir.' Oder was hören wir von A-mos: ‚Mir stinken eure Brandopfer; mir wird übel, wenn ihr fettes Vieh für mich schlachtet. Recht und Gerechtigkeit sollen mein Land erfüllen, das sind die Opfer, die ich liebe.'"

Einige schauten interessierter, denn die Worte der Propheten standen hoch im Kurs. Doch meine praktische Anwendung für die Gegenwart konnte sie ärgern.

War ich zu krass geworden? Ich sprach deutlich bis aggressiv. Geht es ohne Deutlichkeit? Ich hielt die Pharisäer nicht für schlimmer als ihre Mitmenschen. Heuchelei gibt es überall. Es nützt nichts, wenn du auf andere zeigen kannst und die drei Finger übersiehst, die dabei auf dich zeigen.

Es ist doch so: Nichts ist so schmutzig wie die Phantasien, die Menschen entwickeln. Dieser Schmutz kommt aus den Menschen. Davor musst du dich schützen. Nur dann macht es Sinn, sich die Hände zu waschen, das Geschirr und die Früchte. Das wollte Johannes deutlich machen, wenn er Sünder im Jordan taufte.

3.3   Predigt am Berg

Wir wanderten durch die Dörfer. Auf den Marktplätzen versammelte ich Zuhörer um mich oder ich ließ mich in Diskussionen verstricken. Manchmal suchte ich besondere Stellen im Freien, mit einem guten Blick in die Weite, auf den Feldern sein oder bei Anhöhen. Öfters predigte ich an Hängen mit Olivenbäumen. Da ließen sich die Hörer im Schutz vom Schatten unter den Bäumen nieder.

Den ersten Halbkreis um mich bildeten meine Schüler. Mitunter sprach ich sie besonders an. Manches kennt man heute als Bergpredigt oder als Feldrede. So chaotisch wie in diesen schriftlichen Zusammenfassungen pflegte ich nicht zu sprechen. Die Leute merkten sich Abschnitte aus meinen Reden und irgendwann schrieb man das auf. In Wirklichkeit mutete ich meinen Zuhörern nicht so einen disparaten Input zu. Aber bei meinen Zusammenfassungen kann auch ich nicht vermeiden, dass ganz viel dicht aufeinander folgt.

Predigen war mein Ding. Darum nannten die Leute mich den Propheten aus Nazareth. Sie verstanden: Ein Prophet redet nicht über die Zukunft, sondern spricht die Menschen in ihrem Alltag, in ihrem Umfeld an.

Predigen ist nicht einfach. Ich könnte stundenlang reden. Aber wer will stundenlang zuhören. Und wenn jemand stundenlang zuhören will, was kann er sich dann noch merken?

Ich griff auf Tricks zurück, welche die alten Propheten verwendeten oder gute Redner in der Synagoge. Am besten erzählte man eine Geschichte. Da prägt sich das Geschehen ein. Du musst allerdings wissen, wie du so eine Geschichte aufbaust, damit das, was du sagen willst, auch hängen bleibt.

Viel läuft über Wiederholungen. Wenn du willst, dass sich ein Satz einprägt, wiederholst du ihn immer wieder.

Dann kannst du mit Reihen arbeiten. Wie bei Gedichten wiederholt sich die Form. Auch das hilft, sich etwas zu merken.

אַשְׁרֵי die Seligen

Meine Seligpreisungen blieben dank ihrer einprägsamen Form hängen: „Selig sind, die…" Es wirkten die Wiederholungen und die positiven Zuspitzungen. Komplexere Inhalte hielten sich schwieriger. Ich begann mit Stichworten, mit denen sich meine Hörer identifizieren konnten. Dann wurde ich geistlicher.

1. Selig seid ihr Armen, denn das Reich Gottes gehört euch.
2. Selig seid ihr Hungernden, denn ihr werdet gesättigt werden.
3. Selig seid ihr Leidenden, denn ihr werdet getröstet.
4. Selig seid ihr Weinenden, denn ihr werdet lachen.
5. Selig seid ihr Barmherzigen, denn ihr werdet Barmherzigkeit erfahren.
6. Selig seid ihr Sanftmütigen, denn ihr werdet über die Erde herrschen.

7. Selig seid ihr Friedensstifter, denn ihr werdet Gottes Kinder heißen.
8. Selig seid ihr, die ihr ein reines Herz habt, denn ihr werdet Gott sehen.

Es waren acht. Das lässt sich gut merken. Vier vom Leiden, vier von der Seele. Beginnend mit dem Sozialen, endend mit der Gottesschau. Das habe ich mir lange überlegt. Das habe ich öfters gesagt. Das habe ich wie ein Gedicht vorgetragen. Das sollten sich die Menschen merken. Es sollte ihnen so gut tun, dass sie es mit sich tragen konnten.

Menschen bleiben Menschen. Ich machte die Erfahrung: Sie merkten sich vor allem das, was auf sie zutraf. Wenn sie sich angesprochen fühlten, behielten sie es im Gedächtnis. Für die Seligpreisungen gab es ein Gegenstück. Das gefiel vielen gar nicht. Es war zu kritisch. Manche hingegen fühlten sich erleichtert, dass einmal eine böse Vorhersage für die Mächtigen kam. Wer im Schatten leben muss, möchte doch einen Ausgleich haben...

1. Wehe euch, ihr Reichen: Euch ging es gut, das reicht für alle Zeiten!
2. Wehe euch, ihr Satten: Eure Zeit des Hungers wird kommen.
3. Wehe euch, ihr Lachenden: Es kommt die Zeit des Weinens und Klagens für euch.
4. Wehe euch, die ihr öffentlich gelobt werdet: Die das Angenehme lügen, werden immer gelobt!

Ich wurde nicht gut verstanden, weil diese Kritik in die Tiefe ging. Zwar wünschten sich die Benachteiligten einen Ausgleich, aber eigentlich wollten sie sein wie die Bevorzugten. Sie wollten den Rollentausch, keine Änderung des Systems. Ich erzählte eine Geschichte dazu, in der sich niemand in die Rolle des Reichen sehnte. Diese Rolle ist klassischerweise damit verbunden, dass es anderen schlechter geht. Hier gibt es einen Ausgleich. Ich erzählte die Geschichte von Lazarus und dem reichen Mann.

3.4   Lazarus und der reiche Mann

„Ein reicher Mann genoss sein Leben, in Purpur und kostbarem Leinen. Jeder Tag war ein Festtag für ihn. Vor

dem Tor seines Anwesens aber lag ein armer Bettler namens Lazarus. Er war krank, bedeckt mit Geschwüren. Hätte er nur etwas von dem bekommen, was der Reiche nachlässig vom Tisch fallen ließ. Aber er lag vor der Tür und die Hunde kamen und leckten seine Geschwüre. Eklig!

Dann kam der Tag des Todes. Der Arme starb. Die Engel trugen in ihn den Himmel. Er kam in die Fürsorge von Abrahams Schoß.

Auch der Reiche starb und kam ins Grab. Doch mit ihm ging es in die Hölle. Von der Hölle konnte er wohl in den Himmel sehen, aber nicht hineinkommen.

In seiner Höllenqual schaute er hinüber und entdeckte Abraham, mit Lazarus in seinem Schoß. Er rief: ‚Vater Abraham! Erbarme dich meiner im Feuer der Hölle. Schicke Lazarus! Er soll seine Fingerspitze ins Wasser tauchen und meine Zunge benetzen. Ich leide unsägliche Pein in den Flammen!"

Aber Abraham sagte ganz ruhig: „mein Sohn, denk an all das gute, dass du in deinem Leben gehabt hast. Lazarus ist es schlecht ergangen. Für ihn gibt es Trost zum Ausgleich, für dich die Qual.

Außerdem kann niemand vom einen in den anderen Bereich gehen. Die Kluft ist zu groß.

Der Reiche verstand dies. Das war seine Welt: In die Welt der Reichen und Schönen konnte kein Armer und Kranker gelangen. Weshalb sollte es im Himmel anders sein? So waren die Regeln. Unumstößlich. Hätte er in seinem Leben anders gehandelt, wäre wohl ein Weg in den Himmel möglich gewesen. Aber das war vorbei. Das war gelaufen. Da dachte er an seine Familie: „Vater Abraham: meine fünf Brüder leben noch. Schick den Lazarus zu ihnen, damit er sie warnt, damit sie anders leben und nicht in diese Höllenpfuhl kommen."

Aber Abraham schüttelte emotionslos den Kopf: „Sie haben die Gesetze des Mose und die Reden der Propheten. Das muss als Warnung reichen!"

"Nein!" Der Reiche war Realist und verzweifelt: „Das reicht nicht. aber wenn einer von den Toten kommt und sie warnt, dann werden sie hören!"

Abraham lachte: „Wenn ihnen Mose und die Prophe-
ten nichts sagen, dann richtet auch einer, der von Toten
aufersteht nichts aus!"

Meine Geschichte ist sehr ernst: Die Reichen lassen
sich durch Katastrophen nicht beeindrucken. Sie haben
die Erfahrung gemacht, es irgendwie doch noch zu
schaffen und irgendwie doch noch erfolgreich zu bleiben. Wenn es bei einem nicht klappt, gehört er nicht
mehr dazu. Er dient den knallharten Reichen nicht als
Warnung, sondern wird nur als Versager und Pechvogel
gesehen.

3.5   Unter freiem Himmel

Wenn ich unter freiem Himmel sprach, spürten wir:
Der Himmel macht frei. Freiheit bedeutet mir viel. Im-
merhin gehöre ich zu einem Volk, dessen gemeinsame
Geschichte in einer Befreiung zusammenkommt, dem
Auszug aus Ägypten mit Mose.

Wir saßen unter Bäumen und ich deutete nach
oben: „*Schaut zu den Oliven, wie sie in der Fülle an den*
Zweigen hängen. Schaut zu dem Feigenbaum da drüben.
Seine Früchte... seine Früchte sind nicht zu sehen! Wir
merken schon: ein schlechter Baum trägt keine Früchte,
aber ein guter Baum bringt gute Früchte. Ihr werdet aus
Dornensträuchern keine Weintrauben holen und Feigen
pflückt ihr nicht von Disteln. Also schaut euch die Früchte
eures Lebens an, dann erkennt ihr, wie es um euch steht.
Wer sich zu mir hält, sollte wie ein guter Weinstock, wie
ein guter Feigenbaum, wie ein guter Olivenbaum sein!
Doch im Unterschied zu den Pflanzen habt ihr die Mög-
lichkeit, euch zu ändern."

Ich schaute sie an. Aber meine Ausführungen waren
ziemlich allgemein, ich musste sie ein Stück weit kon-
kreter machen. Ich musste es ihnen vorleben.

3.6   Der Herr und der Betende

„Das Reich Gottes ist nahe!" lautete meine Grund-
botschaft. Wenn sich meine Hörer auf mich einließen,
konnten sie durch mich die familiäre Nähe Gottes spüren, standen sie im Bereich des Herrn. Bildlich gespro-

chen: Ich verkörperte das Reich Gottes. Die Vorstellungen, dass das „Reich Gottes" oder auch die „Königsherrschaft Gottes" vergleichbar mit anderen Ländern, Königreichen sei, musste aufgegeben werden. Jerusalem als geographische Hauptstadt eines göttlichen Reiches beflügelte Phantasien, trug aber der Göttlichkeit Gottes nicht im Geringsten Rechnung.

Wir müssen vom „Reich Gottes" als einer persönlichen Beziehung reden. Wer mir nahekam, war diesem Reich nahe, aber nur, wenn spürte, wie durch mich „Gott" gegenwärtig war.

Die Welt veränderte sich durch mich nicht sichtbar. Den Teil des „Reiches Gottes", in dem sich die Gerechtigkeit wahrnehmbar durchsetzt, siedelte ich in der Zukunft an. So menschlich dachte ich – und damit auch so real unrealistisch.

Meine wohl prägendste Botschaft wirkte durch das Unser-Vater. Dieses Gebet ordnete ich in stillen Stunden, um es einprägsam zu gestalten. Dabei griff ich auf bewährte Gebete meines Volkes zurück und passte sie in meine Reich-Gottes-Botschaft ein.

Zugleich reagierte ich auf das „Beten", das ich in meinem Umfeld erlebte. Wie abstoßend, wenn Leute sich öffentlich fromm gebärdeten! Ich sage hier weiter nichts zu den späteren Generationen von Patriarchen und Päpsten, der Hierarchie jener Kirchen, die sich auf mich berufen. Ihre öffentliche Zurschaustellung ihrer „Frömmigkeit" widert mich an! Genauso ekeln mich demonstrativ demütige Machthaber. Ich verabscheue diese Verlogenheit, diese Heuchelei.

Stellt euch folgende Szene vor: *„Zwei Männer gingen zum Tempel hinauf: Einer achtete auf seinen Lebensweg und vermied penibel, etwas Verbotenes zu tun, also ein Pharisäer. Der andere lebte davon, anderen etwas abzupressen, ein Zöllner. Beide stellten sich zum Gebet in den Tempel, einer in der Mitte, einer am Rand. Der Pharisäer hob die Arme zum Himmel: „Herr, ich danke dir, dass ich nicht bin wie die andern Leute. Kein Räuber, Betrüger, Ehebrecher und auch nicht wie dieser Zöllner." Der andere aber stand scheu an der Seite, blickte zu Boden und murmelte: „Herr, sei mir Sünder gnädig!"*

Wie geht wohl Gott, der Herr, mit solchen Betern um? Beim Zöllnern wird er denken: „Weshalb kommt der überhaupt zu mir? Der schaut doch sonst auch nicht auf meine Gebote? Aber wie sieht er denn aus? Richtig niedergeschlagen. Ist er unglücklich über sich selbst? Der Arme. Gut, dass er zu seinem Vater kommt. Ich will ihm Kraft und Zuversicht geben!“ Dann schaut er auf den Pharisäer und fragt sich: „Was will der denn bei mir? Der ist sich sowieso sicher, dass er alles richtig macht. Eingebildete Leute sind mir unangenehm. Leute, die auf andere hinunterschauen, mag ich nicht! Ich kenne die Herzen und sehe die Schatten, das Dunkle, das, was sie vor aller Welt verbergen. Nein, der hat bei mir nichts verloren. Der soll zu seinesgleichen gehen, wo man sich gegenseitig bekräftigt, wie toll man ist und hinter vorgehaltener Hand über den anderen lästert!“

Der Herr kennt diese Typen. Er kennt auch die Unterschiede. Was glaubt ihr wohl, wie er folgende Szene anschaut: *Ein gutbetuchter Handelsmann kommt in den Tempel und gibt eine ordentliche Summe. Dann kneift er die Stirn zusammen, als würde er nachdenken, greift nochmal in seine Börse und stockt den Betrag erheblich auf. An der Seite des Tempels schleicht sich eine arme Witwe so weit vor, wie Frauen dürfen. Dann nimmt sie ein Silberstück und gibt es in den Kasten. Das ist wahrlich keine Summe, mit der man etwas anfangen kann. Aber was steckt denn in diesem Silberstück drin? Sie will ihr Teil zum Opfer beitragen, auch wenn jeder sagen würde: Du hast selbst so wenig. Verschleudere dein Geld nicht im Tempel. Wie armselig würde sie sich fühlen, wenn sie nichts gäbe. Man kann noch ärmer sein als arm, wenn man nichts für andere übrig hat. Ich würde am liebsten Goldstückchen in ihre Kammer regnen lassen. Denn in ihrem Herzen ist ein Glänzen geblieben trotz ihrer Armut.“*

Gott, der Herr sieht die Gefühle dieser Frau an. Ihm ist dieses Silberstück wichtiger als der bedeutende Betrag des angesehenen Händlers. Es war eine arme Witwe. Als Witwe stand sie am Rande der Gesellschaft. Die Männer, selbst die armen hatten Rechte, aber Witwen? Sie waren schutzlos, wenn es keinen Mann gab, der zu ihnen hielt. Dass wäre am besten jemand aus der

Herkunftsfamilie. Aber wenn es da keinen gibt? Genau auf der Seite der Menschen mit minderen Rechten steht Gott, der Herr.

Passt auf, dass eure Spenden nicht zur Show werden. Wenn du spendest, sollst du es nicht hinausposaunen. Das machen die Heuchler: „Tu Gutes und rede drüber!" tönen sie.

Das staunende Publikum wird sie preisen, aber der himmlische Vater schaut verächtlich hin: Der Beifall der Leute muss ihnen reichen. Ihre Hölle machen sie sich selbst. Wenn die Welt so kalt ist wie die Regeln der Reichen, dann ist die Welt der Reichen ein Eismeer!

Also: Wenn du etwas Gutes tust, soll deine linke Hand nicht wissen, was die Rechte tut. Allein Gott soll es sehen. Vielleicht gibst du besser mit der linken Hand, denn die kommt von Herzen!

Aber selbst ein reicher Mensch kann sich in anderen Hinsichten wie eine machtlose Witwe fühlen. Wenn er Gott einschätzt als einen, der es mit den Mächtigen dieser Welt hält, dann... müsste er sich ihm in seiner Not mit anderen Methoden nähern als einer mit großem Einfluss. Daher verglich ich das Gebet eines niedergeschlagenen reichen Menschen mit der Begegnung einer armen Witwe mit einem Richter.

„In einer Stadt herrschte ein Richter, der sich vor Gott und Menschen nicht fürchtete. Geld nahm er gerne, Recht war für ihn Verhandlungssache. Da kam eine Witwe zu ihm, die betrogen wurde und sie sagte: ‚Nimm dich meiner an gegen meine Gegner und verschaffe mir Recht.' Aber ihrem Recht konnte sie kein Geld zur Seite stellen. Damit hatte sie beim ihm keine Chance. Aber sie kam am nächsten Tag wieder und am übernächsten. Es war richtig lästig. Es wurde ihm lästig. Also sagte er sich: ‚Mir sind alle Menschen egal, aber diese Frau nervt mich. Am Schluss ohrfeigt sie mich noch, so aufgebracht, wie sie ist. Ich werde das abstellen. Ich werde ihr Recht verschaffen. Dann habe ich meine Ruhe!'

Wenn schon dieser bestechliche, ungerechte Richter der beharrlichen machtlosen Frau nachgibt, wie leicht lässt sich dann der Herr, euer Vater bewegen, wenn ihr mit Nachdruck betet?"

3.7 Reich Gottes und unser Vater

Beten ist eine Frage der Einstellung. Geht es um die Beziehung zwischen mir und dem Vater oder geht es darum, wie ich in meinem Umfeld dastehe?

Wenn „kleine Leute" sich fromm geben ist dies nicht zwangsläufig besser als bei den hohen Herrn. Das hängt nicht einmal von der konkreten Religion ab. Über diesen Überblick verfüge ich inzwischen. Sie zeigen öffentlich, wie fromm sie sind. Es widert mich an! Mich schaudert, wenn ihnen mein Name über die Lippen kommt, ohne dass sie rot werden oder gar ein Unwohlsein empfinden.

Ich sehe es so: Wenn einer öffentlich zeigt, was für ein frommer Mensch er ist, braucht er später keine Anerkennung von mir dafür. Er hat sie sich schon von seiner Umgebung geholt. – Nebenbemerkung: Gesetzt, die anderen haben es ihm abgenommen. Freilich sind nicht alle blind.

Es ist wie bei den Leuten, die fasten. Manche senken die Mundwinkel, ziehen die Schultern ein, blicken gequält und zeigen, wie sie unter dem Verzicht leiden. Die Zuschauer bewundern sie: „Toll, was diese frommen Menschen für ihren Glauben auf sich nehmen!" Für mich ist dieses geheuchelte Fasten wertlos. Seinen Wert hat es vielleicht in der Anerkennung unter Mitmenschen, die sich täuschen lassen. Aber das war es dann schon.

Am besten fastest du, dass die anderen meinen, du würdest feiern. Dann sieht es nur dein himmlischer Vater. Den könnte das beeindrucken. Aber warum solltest du Gott imponieren? Vielleicht, weil du ihm zeigen kannst, dass etwas, das wichtig ist in deinem Leben, doch nicht alles bestimmt. Weil du ihm dadurch zeigst, dass er doch der höchste Herr ist.

In den Synagogen, in die ich kam, wurde laut gebetet, oft mit den Händen gen Himmel gereckt. Manchmal hatte ich den Eindruck: Mein Nebenmann will vor allem mir zeigen, wie intensiv er zu Gott spricht. Warum sollte mich das beeindrucken? Ich rate meinen Zuhörern: „Bete zu Gott, wenn du allein bist. Dann ist keine Show dabei." Hoffentlich! Denn man kann sich auch was vormachen und sein eigenes Publikum sein. Freilich wirst du das irgendwo in dir spüren und kannst sicher sein:

Der Vater verfügt über ein so tiefes Gespür, dass er es sofort merkt.

Dem Vater gegenüber musst du auch nicht wortreich werden. Er versteht deine Gefühle, dein Gestammel. Darum habe ich ein Gebet komprimiert, das man sich merken kann. Lange habe ich daran gearbeitet und es kam auch nicht aus dem Nichts. Ich griff auf Gebetsformen zurück, die sich bewährt hatten. Das machte es leichter: Meine Hörer konnten es sich merken und ich brauchte nicht zu experimentieren. Was für ein Erfolg: Das „Unser-Vater" setzte sich in der Christenheit durch. Das beherrschen sogar Leute, die sich für Atheisten halten. Und manche, die gegen christliche Kirchen sind, verwenden einzelne Zeilen als Argument gegen Zustände, die sie anprangern wollen.

Macht es überhaupt Sinn, zu beten? In gewisser Weise nein, denn der Vater kennt die Zustände äußerlich und innerlich und weiß um die Sehnsüchte und Interessen. Andererseits willst du aus dir herausgehen. Das passt. Das muss dir niemand erst erlauben.

Mein Gebetsvorschlag, falls die Worte fehlen: „Unser Vater im Himmel! Dein Name werde geheiligt! Dein Reich komme. Dein Wille geschehe im Himmel und auf Erden. Gib uns täglich unser Brot. Vergib uns unsere Schuld. Wir werden auch unsern Schuldnern vergeben. Führe uns nicht in Versuchung, sondern erlöse uns von dem Bösen. Amen"

Das umfasst die wichtigen Dimensionen unseres Lebens und beginnt beim Lobpreis des Herrn. Es geht uns darum, dass der Vater dieser Welt eine gute Gestalt gibt. Es muss materiell stimmen, ich muss genug zu essen haben und will gesund sein. Es muss auch seelisch stimmen: Die Konflikte müssen zum Ende kommen. Das geht nicht über Rechthaberei. Wie oft bin ich versucht, in eine falsche Richtung zu gehen, weil es mir Vorteile verspricht. Vom Vater erwarte ich, dass er mir Stärke gibt, dagegen zu halten. Darum fordere ich von ihm, dass sein Wille geschieht, uns zugute. Sein Reich soll sich durchsetzen, weil es ein gutes Reich ist.

Wenn Leute mir auf der Straße begegneten, konnten sie dieses „Reich Gottes" spüren, denn ich ließ sie seine Liebe spüren. Unerfüllt blieb die Erwartung, dass sich

„im Reich Gottes" alles ändert, alles gut wird, es wirklich gerechte Zustände gibt, die jedem gerecht werden. Diese explosive Hoffnung steckt in „dein Reich komme".

„Himmel und Erde" bedeutet einfach „alles". „Dein Wille geschehe" bezieht sich eben auf Himmel und Erde und darauf, dass die Liebe alles durchdringt. Das ist unser tiefer Wunsch. Hier kannst du sehen, dass ich zu den Betenden gehöre und nicht der Angesprochene bin.

Die natürliche Bitte, dass wir täglich gut versorgt sind, enthält den verborgenen Dank dafür, dass ich es so erlebt habe, dass ich nicht verhungert bin. Es beschränkt sich nicht auf „Brot", sondern umfasst alles, was ich zum Leben brauche. Die Verwirklichung dessen ist zum Teil Aufgabe deiner konkreten Gemeinschaft, in der du zu Hause bist. Ihr müsst miteinander regeln, dass ihr genug zum Leben habt und es auch genießen könnt. „Brot" versinnbildlicht zugleich, dass auch die Seele gesättigt werden will.

Wir brauchen Frieden. Zum Frieden gehört, dass wir mit Schuld umgehen, sonst bekommen wir niemals Seelenfrieden. Du musst spüren, dass der Herr dich trotz deiner Verfehlungen liebt, sie dir quasi vergibt. Zugleich solltest du deine Vorwürfe anderen gegenüber fallen lassen. Schaffst du das? Wenn du es schaffst, kehrt Frieden in dir ein. Aber Vorsicht: Wenn es nicht klappt, musst du andere Wege wählen. Dazu gehört der Streit, dazu gehört, um Wiedergutmachung zu kämpfen. Vergebung darf nicht dazu führen, dass die Bösen triumphieren. Überlege dir aber genau, mit welchen Mitteln du in Auseinandersetzungen gehst und ob du es aus der Demut heraus tust, dass auch du die Gerechtigkeit immer wieder aus dem Gleichgewicht bringst. Da kannst du getrost Gott, den Vater um Vergebung bitten.

Du darfst Gott bitten. Bitte, und dir wird gegeben, suche, und du wirst finden, klopf an, er wird dir öffnen. Der Vater ist offen für dich. Oder reicht bei euch etwa ein Vater seinem Kind, wenn es ihn um Brot bittet, einen Stein? Oder wird er, wenn das Kind sagt: „Darf ich einen Fisch haben?" ihm eine Schlange anbieten? Unser himmlischer Vater gibt uns, was wir von ihm brauchen.

3.8 Liebe, Frieden und Feinde

Mein Vater will Frieden auf Erden. Ich bin sein Friedensbote. Aber wie kommen wir einen Schritt weiter? Ich wurde bei meinen Jüngern deutlich: *„Ich sage euch, ihr müsst einen anderen Weg einschlagen als allgemein gesagt wird. Liebt eure Feinde und tut denen Gutes, die euch hassen. Segnet die, die euch verfluchen und betet für die, die euch beleidigen."*

Ich schaute sie an. Sie rechneten bei mir immer mit Überraschungen, aber das klang nun alles andere als hilfreich.

„Herr, das geht doch nicht! Wie soll ich meinen Feind lieben? Er ist doch mein Feind!"

„Rabbi, ich werde doch nicht jemanden, der mich beleidigt, segnen oder für ihn beten!"

„Wer mich verflucht, soll verflucht sein!"

Aufgebracht riefen sie durcheinander. Ich hob den Arm: *„Hör zu. Ich sage es dir noch krasser: Wenn dir einer auf die Backe haut, halte ihm die andere auch hin. Wenn dir einer deinen Mantel nimmt, gib ihm auch noch das Hemd. Wenn dich jemand bittet, so gib ihm. Wenn dir jemand etwas wegnimmt, fordere es nicht zurück!"*

Sie diskutierten wie wild: „Mich schlagen lassen, ohne mich zu wehren?" „Ich muss doch meine Ehre verteidigen!" „Wenn mich einer schlägt, schlage ich garantiert zurück!" „Klar, aber nur, wenn ich keine Angst vor ihm habe!" „Stimmt! Ich laufe nicht ins offene Messer." „Du hast Recht, Jesus, manchmal sollte man lieber nachgeben." „Aber die andere Backe auch noch hinhalten? Ich bin doch nicht verrückt!" „Der wird so verblüfft sein, dass er nicht noch mal zuschlägt!" „Nein, den wird das so ärgern, dass er noch schlimmer zuschlägt!"

Die andere Wange hinhalten? Jetzt verstanden sie mich gar nicht mehr. Ich wollte dieses Verhalten nicht vernünftig erklären. Aber meine Erfahrungen mit teuflischen Kreisläufen hatten mich gelehrt: Du hältst das Rad am Laufen, wenn du die Regeln der Aggression befolgst. Einen Kreis, der ja unendlich ist, kann man nur durch-brechen. Also darfst du dich nicht an die Regeln halten, die seine Linie fortsetzen, Du musst die selbstverständlichen Erwartungen durchbrechen.

„*Was ist schon dabei, die zu lieben, die dich lieben? Das machen doch alle und trotzdem gibt es Streit und Krieg. Du willst Frieden? Dann fange damit an und tu das, was du von den anderen erwartest. Geh den ersten Schritt zur Versöhnung, so wie ich der Schritt des Vaters auf dich zu bin.*"

Sie schauten skeptisch, begriffen aber meine Idee.

„*Auch bei den Sündern gibt es Systeme. Sie verleihen etwas, um es mit Gewinn zurück zu bekommen. Aber ihr sollt einen Schritt weiter gehen. Liebt eure Feinde und tut ihnen Gutes, leiht ihnen, auch wenn sie es nicht lohnen.*"

Das war schon wieder ein bisschen zu konkret. Das wollten sie gar nicht hören und fanden es sogar schlecht. Aber meine Botschaft ging an das Innerste, ging an die Radix, wie die Römer „שורש", die Wurzel nannten. Stimmt schon, ich war radikal: „*Fällt keine Urteile über andere, sonst wird das Urteil über euch gefällt – es wird kein gutes Urteil sein. Vergebt euch, denn wenn euch nicht vergeben wird, dann... Schaut zum Brunnen: Im Brunnen deines Nachbarn entdeckst du den Holzsplitter, der auf dem Wasser schwimmt. Aber in deinem Brunnen? Der Balken, der den Brunnen sperrt, den siehst du nicht. Also hol erst den Balken aus deinem Brunnen und dann schau zum Spreißel deines Nachbarn.*"

Ich befestigte diese verschiedenen Weisungen an einer Grundlegung: „Wenn du dich an diese Richtungen hältst, dann ist dein Seelenleben stabil.

,*Schau: Es gab einen Mann, der wollte schnell ein Haus bauen. Er baute es auf sandigen Boden. Ein anderer ging erst auf die Suche: Er schaute nach, wo fester Boden war, in den er ein Fundament graben konnte. Dann kam ein Unwetter mit viel Wassergewalt. Das Haus des einen Mannes wurde weggeschwemmt, das Haus auf dem festen Boden aber blieb stehen. Baust du auf Sand oder auf Felsen?*'

Wer sich an mir orientiert, baut auf einen festen Boden."

Jeder will sein Haus richtig bauen. Aber dazu gehört mehr als das äußerliche Hausbauen auf festen Boden, dazu gehört, meine schwierig zu fassenden Worte in sich aufzunehmen.

3.9 Gegen die Traditionen

„Rabbi, wo stehst du eigentlich?"

War das ein versteckter Vorwurf? „Jakobus, was meinst du damit?"

„Vieles, was du sagst oder tust, passt nicht so ganz zu unseren Heiligen Schriften, zu unseren Heiligen Traditionen."

Ich lachte: „Stimmt! Oder vielleicht auch nicht. Es ist nicht so, dass ich den Heiligen Schriften widerspreche. Vielmehr will ich ihren Sinn zuspitzen. Es geht immer darum, nicht nur äußerlich Gebote zu beachten und im Herzen ganz anders zu sein. Wenn eure Gerechtigkeit nicht besser ist als die der Pharisäer, befindet ihr euch nicht im Reich des Vaters."

Sie schauten sich fragend an. Sehr verständlich hatte ich mich wohl nicht ausgedrückt. Da müsste ich ihnen wohl eine Predigt halten, eine Predigt, in der die Sätze der Tradition und meine Aussagen in Spannung zueinander standen.

„Nehmt als Beispiel das für Menschen wohl wichtigste Gebot ‚du sollst nicht töten'. In den Geboten steht darauf die Todesstrafe. Ich sage es härter: Wer mit seinem Bruder im Streit lebt, gehörte vor ein Gericht. Wer ihn gar beleidigt: Du Idiot! der sollte in der Hölle brennen.

Mach es so: Wenn du in den Tempel gehst und ein Opfer vor den Herrn bringen willst, dann überlege noch einmal, wie es um deine zwischenmenschlichen Beziehungen steht. Wenn dein Bruder etwas gegen dich hat, dann lass dein Opfer beim Altar und versöhne dich erst mal mit deinem Bruder. Erst mit der Versöhnung ist die Zeit gekommen, dem Herrn ein Opfer zu bringen.

Wenn du mit jemandem auf dem Weg bist, mit dem du eine Auseinandersetzung hast, dann einige dich mit dem Gegner und lege den Streit bei, damit nicht Urteile über dich gefällt werden.

Ihr merkt: Es geht nicht einfach um Töten, es geht auch darum, dass unsere Beziehungen nicht dauerhaft verletzt werden.

Wie steht es mit euren Eiden, euren Schwüren. Ihr kennt das Gebot, dass ihr keinen falschen Eid ablegen dürft, sondern vor Gott dazu steht, was ihr beeidet. Warum schwört ihr überhaupt? Zum Schwur gehört, dass Gott dich bestraft, wenn du den Schwur verletzt. Aber ist es nicht eine Beleidigung des großen Gottes, wenn er für unsere kleinen Belange herangezogen wird?

Es reicht doch, wenn du „Ja" sagst oder „Nein". Es muss stimmen."

Wenn ich grinsend sage: ‚Ich bin sauber! Ich schwör!' merkt jeder, wie platt Schwüre werden können.

Ich nehme ein drittes Beispiel. „Du sollst nicht ehebrechen!" Du weißt: Wenn deine Frau sich auf dich eingelassen hat, darfst du sie nicht immer Stich lassen, weil… Ich bin radikal: Wenn du eine andere Frau mit begehrlichen Blicken anschaust, hast du schon die Ehe gebrochen. In deinem Herzen. Ganz tief in dir.

Ihr kennt eure Regelungen zur Scheidung. Der Mann kann einen Scheidebrief verfassen. Das ist doch das Letzte! Mit der Scheidung geht etwas Wichtiges unwiederbringlich verloren. Du kannst auch nicht wieder heiraten, denn dein Versprechen steht noch, solange du auf Erden bist. Nur der Tod zieht einen Schlussstrich."

Ob meine Jünger mich verstanden? Da war viel Stoff für nächtelange Diskussionen. Aber mir ging es um den Sinn, der in den Gesetzen steckt.

„Alle Gebote dienen einem guten Miteinander. Die ersten Gebote dem guten Miteinander mit Gott, die anderen mit den Menschen um uns herum. Den Sinn muss man spüren! Weil das so ist, ‚breche' ich immer wieder jenes Gebot, das für manche sogar das höchste ist, das Sabbat-Gebot. Aber die Gebote dienen den Menschen, nicht die Menschen den Geboten!"

3.10 Der heilige Tag und der Krüppel

Der Sabbat hat eine besondere Ausstrahlung. Ich fand es schön, in die Synagoge zu gehen. Ich fand das feierliche Rezitieren der Heiligen Schriften anrührend. Im Sabbattreffen ereignete sich für mich etwas, das meine Tiefe ansprach. Die Verbundenheit in Gott, dem Herrn, schenkte mir… Was nur? Es hat mit meinem Herzen, mit meiner inneren Stabilität zu tun.

Manchmal aber musste man über den Sabbat diskutieren. Wie gewohnt ging ich in meine vertraute heimatliche Synagoge. Dort saß ein Mann, den ich vom Sehen kannte. Man merkte, dass mit seiner Hand etwas nicht stimmte. War sie verkrüppelt, war sie gelähmt? Er wusste es nicht, aber ich hatte mich des Öfteren bei meinen Schreinerarbeiten an der Hand verletzt: Es war so hinderlich, nur eine Hand gebrauchen zu können.

Eine unbrauchbare Hand tötete schon bei vorübergehenden Wunden jeden Nerv, aber jeden Tag das ganze Leben hindurch? Er schaute mich an. Hatte er das Gefühl, ich starre ihn an? Leute mit sichtbaren Behinderungen erzählen immer wieder, wie unangenehm es ist, sofort die Aufmerksamkeit auf sich zu ziehen. Aber ich glaubte, in seinen Augen etwas anderes zu lesen: Er hoffte sich Heilung von mir. Er hatte wohl gehört, dass Leute geheilt von mir gingen. Hatte er gehört, dass nicht jeder, der zu mir kam, wirklich geheilt wurde?

Die Umstehenden bemerkten unseren Blickwechsel. Ich sah einige miteinander tuscheln. Was flüsterten sie sich wohl zu? Schlossen sie Wetten ab, dass ich es nicht schaffen würde? Oder... Ich verstand ihre Blicke: Nimmt er den Sabbat wirklich ernst? Arbeiten oder ruhen, das war hier die Frage.

Ich wollte es ihnen zeigen. Ich wollte es ihnen im wahrsten Sinne des Wortes zeigen. Ich ging auf den Mann zu: „Komm her! Stell dich in unsere Mitte!" Zögerlich gehorchte er mir. Ich fasste seine verkrüppelte Hand und blickte mich um: „Nun, ist es am Sabbat erlaubt, Gutes zu tun? Oder muss man das Böse lassen? Ist es am Sabbat erlaubt, Leben zu retten oder zugrunde gehen zu lassen?"

Ich schaute sie der Reihe nach an. Die Pharisäer unter ihnen wollten einen gottgefälligen Weg gehen. Manche setzten gottgefällig mit gesetzestreu gleich. Sie kannten die Heiligen Schriften und wussten, dass es erlaubt war, Leben zu retten. Ich wiederum wusste: Der Mann war nicht darauf angewiesen, dass er heute gesund wird. Morgen wäre es auch noch gegangen.

Aber wie gesagt, ich wollte es ihnen zeigen. So hob ich sanft seinen Arm: „Komm, streck die Hand aus..."

„Das wird mir nicht gelingen!" schien er zu denken. Doch es gelang. Er konnte die Hand bewegen.

„Ich fasse es nicht!" Er wusste nicht, wie ihm geschah. Aber er war zutiefst bewegt und brachte im Gottesdienst seinen Dank zum Ausdruck. Mir war er wohl auch dankbar, aber er blickte mich scheu an und wusste nicht, was er davon halten sollte. So schön es war, gesund zu sein, so unheimlich war es für ihn.

Für die Pharisäer gab es viel zu diskutieren. Ich hatte nun ein paar Gegner mehr. Aber damit konnte ich rechnen.

Ich merkte es auch, als ich nachmittags vor die Tore ging, um mit meinen Jüngern zu reden. Wir nahmen den Sabbat ernst, legten ihn aber locker aus. Er war wichtig, aber man durfte es nicht zu eng sehen, dachte ich. Außerdem hatte ich mit meinen Schülern viel zu diskutieren. Wir verplapperten uns gerne. Sehnsüchtig streiften manche Blicke aufs Feld hinaus. Das stand gerade in voller Kraft. Thomas und Judas konnten sich nicht mehr halten: Sie gingen ein paar Schritte zur Seite und rauften sich einige Ähren aus. Die anderen folgten wenig später. Sie schoben sich die Körner in die hungrigen Mäuler.

Aber scharfe Beobachter gibt es überall und Denunzianten sterben nicht aus. Diesmal umkurvten uns ein paar Pharisäer. Natürlich wandten sie sich an mich, den Chef der Truppe. Ich war verantwortlich für das Tun meiner Schüler. „Schau nur hin, was sie tun! Wie können sie so etwas tun? Sie ernten Getreide am Sabbat. Das ist doch schon in den Geboten verboten!"

Ich nahm die Herausforderung an. Ich hätte sagen können: „Redet doch mit ihnen selbst." Aber meine Schüler waren ihnen egal, sie wollten mit mir streiten. Und sie wollten dabei Recht behalten. Recht wobei eigentlich?

„Ernten? Ährenraufen ist kein Ernten. Das wisst ihr so gut wie ich. Sie haben Hunger. Wie war das damals bei David? Er und seine Leute kamen hungrig am Haus des Herrn vorbei. Da sagte David: Ich hole euch was zu Essen. Er ging hinein und nahm etwas von den Schaubroten. Eigentlich waren die den Priestern vorbehalten. Aber wie hätte jemand so unbarmherzig sein können, sie nicht jemanden zu geben, der gerade hungrig da stand?"

Sie konnten mir schlecht widersprechen, obwohl das „aber" aus allen Augen spritzte. Ich sagte allerdings nicht, dass ich die Situation so einschätzte, dass selbst die bekenntnistreuesten Priester sich einem militanten David nicht widersetzen würden. Blut klebte an seinem Schwert. Wer wollte denn, dass dazu noch sein eigenes Blut käme? Aber das sind nur Vorbehalte gegenüber meinem hochgepriesenen Vorfahren. Jetzt ging es um eine Auseinandersetzung, wie man in den Augen des Herrn richtig lebt. Da musste und konnte ich Position beziehen.

„Wie könnt ihr so unverständig über den Sabbat reden? Wofür ist denn der Sabbat da? Ist er ein Selbstzweck? Nein! Der Sabbat ist für den Menschen gemacht, nicht der Mensch für den Sabbat." Sie blickten sich genervt an. Dagegen konnten sie wenig sagen, weil berühmte Rabbis, die ihnen nahe standen, ebenso argumentierten.

Ich gab ihnen noch etwas zum Nachdenken mit: „Der Menschensohn ist auch Herr über den Sabbat."

Daran hatten sie zu kauen. Darüber konnten sie diskutieren. Der Menschensohn ist der Vorsitzende beim abschließenden Gericht über die Menschheit. Wenn dieser Satz in dieser Situation von mir kam, stellte sich die Frage: Hielt ich mich für den Menschensohn? Das war so unrealistisch, dass sie es nur theoretisch diskutieren konnten. Um sich mit dem „Menschensohn" zu identifizieren, musste der letzte aller Tage gekommen sein. Das aber war offensichtlich nicht der Fall.

4 Meine Geschichten in Galiläa

4.1 Der sehnsüchtige Vater

Gerne vermittelte ich die Geheimnisse des Glaubens meinen Zuhörern mittels Geschichten. Abstrakt über Gott oder Gut und Böse zu reden langweilt. Aber wir lieben Geschichten, in die wir uns hineinversetzen können.

Die Menge meiner Geschichten könnten ein eigenes Büchlein füllen. Aber weil sie zu meiner Person gehören, muss ich meine Lebensgeschichte und meine Geschichten zusammen lassen.

Was ist meine wichtigste Geschichte? Wenn andere wählen dürften, gäbe es ganz viele, weil ich wichtige Themen ansprach und jeden etwas anderes bewegte. Aber eine Geschichte kam aus meinem Herzen: eine Liebesgeschichte, von einem Vater und seinem Sohn. Ich erzählte sie so opulent, dass die Hörer in sie hineintauchen konnten, als wären sie dabei.

„Es begann auf einem Bauernhof mit vielen Äckern und mit Viehzucht. Viel Arbeit gab es, viele Arbeiter, einen Bauern und seine beiden Söhne. Der jüngere Sohn wollte seinen eigenen Weg gehen. Sein Glück suchen, sich selbst verwirklichen. So bat er den Vater, ihm sein Erbe auszuzahlen, damit er starten könne.

Für den Vater, der seine Söhne liebte, war es hart. Am liebsten hätte er natürlich beide zu Hause behalten, aber er verstand seinen Jüngsten. So zog dieser mit gut gefüllten Taschen in die Welt.

Wer weg war, war weg. Das kann man sich heute gar nicht mehr so richtig vorstellen. Es gab keine echten Kommunikationsmittel. Briefe könnte man schicken, aber es gab kein echtes Postwesen. Alles lief über Boten. Oder auch nicht! In diesem Fall lief nichts.

Der Sohn lernte also die weite Welt kennen. Er lernte die Stadt kennen mit ihren vielen Vergnügungen und er konnte sich auch etwas leisten. Essen, Trinken, Tanzen, Feiern: Freigiebig war er und großzügig. Er gewann Freunde und Freundinnen. Die Stimmung stieg immer, wenn er dabei war und was springen ließ. Gewann er sie oder kaufte er sie? Das stellte sich erst heraus, als er sein Geld verbraucht hatte. Dann war das Geld weg und waren die Freunde weg. Und jetzt?

Arbeiten. Aber was denn? Einen Beruf, mit dem er sich selbständig machen konnte, hatte er nicht gelernt. Er wusste natürlich schon, wie das läuft, denn die andere Seite kannte er: den Arbeitsstrich. Da stehen die Männer morgens auf dem Marktplatz und sie werden für die Arbeit gemietet. Wenn sie Glück haben. Nein, einen wie ihn konnte man nicht brauchen. Aber er kam ja vom Land. Ein Bauer würde ihn schon mitarbeiten lassen.

„Arbeit gibt's immer genug. Aber ich kann nicht dauernd Leute einstellen. Also, für die Schweine bräuchte ich einen. Das kannst du machen. Dort darfst du auch schlafen. Aber das Fressen ist für die Tiere, damit sie dick werden, klar? Du musst selber klar kommen."

Schweine! Für einen Juden undenkbar. Und für einen Nicht-Juden widerlich. Der Gestank! Aber der Junge wollte überleben und nahm den Job an.

Das bescherte ihm viel Zeit zum Nachdenken. Sollte so sein Leben wirklich verlaufen? Schweinehirte war nichts mit Zukunft. Einmal Schweinehirt, immer Schweinehirt? Dafür war er zu jung!

Er träumte von seinem Vaterhaus: Dort gab es auch Hirten, aber vor allem gab es dort viel gute Arbeit. Könnte er sich einfach wieder dorthin aufmachen? Eine Arbeit bei seinem Vater oder bei seinem Bruder annehmen? Annehmen? Würden sie ihn überhaupt annehmen?

Er konnte es wenigstens versuchen. So machte er sich auf den „Heimweg". Wie würde er seinen Vater ansprechen? Eigentlich hatte er alles in den Sand gesetzt. War er überhaupt noch so etwas wie ein Sohn? Ein Taugenichts! Würden die Leute sagen.

Der Vater war zu Hause. Stand er in der Küche und bereitete das Essen vor? Sah er aus dem Fenster und träumte davon, dass die Familie wieder vollzählig wäre? Machte er sich Sorgen um seinen Jüngsten, von dem er so gar nichts hörte und der nicht gerade fit gewesen war, um in der manchmal feindseligen Welt zu bestehen.

Da kam aus der Ferne ein Fremder des Wegs. Der Vater schaute genauer. Ein Fremder verirrte sich selten hierher. Aber war das überhaupt ein Fremder? Irgendwas an ihm schien vertraut, auch wenn die Gesichtszüge noch nicht zu erkennen waren. War es die Haltung, war es das Gangbild? Sollte dies...? Oder spielte ihm seine Sehnsucht einen Streich? Das musste sein Sohn sein! Ja, sein geliebtes Kind war auf dem Weg nach Hause.

Der Vater ließ alles stehen und liegen und rannte hinaus, dem Fremden entgegen oder dem Sohn.

Es war der Sohn. Langsamer wurde er und zögerlicher, als der Vater heran eilte. Dann trafen sich die beiden: „Vater, ich bin es nicht wert, dein Sohn zu heißen. Aber könnte ich bei dir als Knecht, als einfacher, geringer Knecht unterkommen? Das wäre immer noch besser, als irgendwo in der Fremde zu verkommen!"

„Ein Knecht? Junge! Du bist mein Sohn! Komm mit, mach dich frisch, zieh dir was Anständiges an und dann gibt es ein Festessen!"

Zurück beim Haus rief er Knechte und Mägde zusammen: „Schnell, wir feiern ein Fest! Stellt alles zusammen, was wir brauchen." „Du, mein Oberknecht: schlachte das Kalb, das so gut gemästet ist! Heute wird gefeiert. Mein Sohn ist wieder da! Ich dachte schon, er wäre gestorben. Aber er lebt! Das muss gefeiert werden!"

Und wie gefeiert wurde! Denn der Vater hatte seinen Sohn wieder. Das war für ihn der Höhepunkt."

Eine Geschichte aus meinem Innersten: „Mein Vater, mein Gott liebt mich. Er liebt mich tiefer als meine ‚Biographen' mich darstellen. Mit ihm ist meine Lebensgeschichte eine Liebesgeschichte!"

Meine Zuhörer verstanden mich. Manchmal erzählte ich Varianten, in denen ich anderes betonte, die Freude in den Vordergrund stellte oder die Fürsorge.

Dazu gehörte die Geschichte vom Verlust einer Frau:

„Eine Frau, die zehn Denare hatte, verlor einen davon im Haus. Sie suchte und suchte, schob alles beiseite, ging auf die Knie und leuchtete in die dunkelsten Winkel. Nichts, nichts! Enttäuschung machte sich in ihr breit. Da glitzerte etwas unter einer Bank. Das war er! So entdeckte sie den verlorenen Denar. Jubelnd rief sie zu ihrer Freundin im Nachbarhaus: „Komm rüber! Wir müssen feiern! Ich hatte ein Denar verloren. Jetzt hab ich ihn wieder!" Ein Denar war doch ganz schön viel. Entsprechend freute sie sich! So groß ist die Freude Gottes, wenn jemand wieder zu ihm findet."

Dann erzählte ich von dem Hirten im Gebirge:

„Ein Hirte trieb hundert Schafe auf die Weide. Als er nun unter seinem Baum saß und seine Herde durchzählte, kam er nur auf 99. Zähl mal eine Schafherde! Aber er hatte Zeit. Doch es blieb bei 99. Da sprang er auf! Ein Schaf verloren? Das durfte nicht sein. Er musste es

finden. *Plötzlich war dieses Schaf das Wichtigste aller seiner Schafe. Aber wo suchen? Im Gebüsch? Hinter einer Baumgruppe, hinter einer Bergkuppe? Oder gar abgestürzt in einer Schlucht? Er suchte hier, er suchte da und wurde immer verzweifelter. Die anderen 99 Schafe, die zusammenblieben, hatte er nicht mehr im Blick. Es ging ihm nur noch um das eine.*

Da hörte er etwas blöken. Leise blöken. Weinerlich blöken. Müde blöken. Tatsächlich, dort, hinter dem Felsvorsprung war... nichts! Ungläubig blickte er sich um. Aber er hatte das Blöken gehört. Er ging näher und schauderte: Ein Blick in die Schlucht! Lag es zerschmettert am Boden? Nein, es hatte sich in einem Busch verfangen. Vorsichtig arbeitete der Hirte sich heran und holte sein Schaf heraus. Mühsam. Er wollte es nicht verletzen in den Dornen. Dann aber hatte er es geschafft und brachte es zur Herde...

,Dass ich dich wiederhabe!' So freut sich Gott über jeden, dessen Interesse er spürt. "

4.2 Gleichnisse verstehen?

Ich hoffte, mit diesen Geschichten das Herz der Menschen zu erreichen. Das gelang nicht immer. Was war nur los? Ich verstand es allmählich und versuchte, es meinen Hörern zu erklären. Ich war wieder am Ufer und fuhr ein paar Meter mit dem Boot hinaus. Dort setzte ich mich hin und erzählte:

„Hört genau zu! Ihr seid gemeint. Wo findet ihr euch in der Geschichte wieder? Was kennt ihr?"

„Ein Bauer ging aufs Feld, um Getreide zu säen. Ihr wisst, wie das läuft: ein Teil der Körner fiel auf den festgetrampelten Pfad und blieb liegen, so dass die Vögel herbeiflattern konnten und sie aufpickten. Dann fielen Körner auf steinigen Untergrund. Da gab es zu wenig Erde. Die Körner konnten zwar aufgehen, aber als die Sonne kam, versengten sie. Sie hatten nichts, woraus die Wurzeln Wasser ziehen konnten. Andere fielen ins Gestrüpp. Dort bekamen sie kein Licht und verdorrten. Aber viele Körner fielen auf den guten Boden. Da konnte das Getreide sprießen und wachsen und Früchte tragen. Aus jedem Korn wuchs ein Halm mit einer Ähre, mit vielen Körnern. – Hast du verstanden, was ich meine?"

Der junge Mann in der ersten Reihe zuckte zusammen. Ich hatte doch alle angesprochen. Weshalb sollte er gemeint sein? Manche lachten. Manche lachten über ihn. Aber viele spürten: Ich hätte auch sie ansprechen können. Was hätten sie geantwortet? Die meisten merkten: Es geht darum, ob ich auf den Herrn höre oder nicht.

Ich hätte vier Gruppen aufteilen können: Die, bei denen überhaupt nichts zieht, als würden die Vögel meine Worte aufpicken. Dann die, bei denen es schnell wirkt, die begeistert sind, aber sich schnell auch für etwas anderes begeistern lassen. Dann die, die so viel um die Ohren haben, dass nichts in Ruhe reifen kann. Schließlich aber auch die, bei denen es stimmte, so dass meine Worte wirken konnten. Die Hörer sind ein vierfacher Ackerboden.

Zugleich war es auch anders zu verstehen: Jeder konnte die Teile des Ackers in sich tragen: Manches kam an, manches kam nicht an, manches konnte zu anderen Zeiten wirken, manches hätte er einfach ernst nehmen müssen. Du bist selbst ein vierfacher Ackerboden.

Ich wurde deutlich: „Wer Ohren hat, die hören können, der soll zuhören." Es war klar: Die inneren Ohren müssen mithören. Ich machte die Erfahrung, die zu erwarten war: Mein Gleichnis stimmte auch als Beschreibung. Selbst meine Schüler begriffen oft nicht, was ich wirklich meinte, weil sie sich mit vordergründigem Verstehen zufrieden gaben oder manches auch gar nicht hören wollten, weil sie Konsequenzen ziehen müssten, die sie nicht ziehen wollten.

Konnten sie mich verstehen? Ich fügte einen Vergleich an:

„Schaut mal, die Herrschaft Gottes unter euch gleicht einem Mann, der auf seinen Acker sät. Er geht weg vom Acker und kümmert sich nicht mehr die Saat. Er schläft und wacht auf, er hat Nacht und Tag. Aber der Samen bleibt in dieser Zeit nicht tot. Er keimt, er wächst, eine grüne Spitze kommt aus dem Boden. Wie soll das zugehen? Wie kann das geschehen? Es ist ein Wunder!

Zugleich ist es unser Alltag. Die Erde präsentiert uns die Früchte: Den Keim, den Halm, die Ähre, das volle

Korn in der Ähre. Wenn die Körner reif sind, greifen wir wieder ein. So ist es mit eurem Verständnis für Gottes neue Botschaft: Sie muss in euch wirken.

Wenn ihr verzagen wollt, weil sich nichts tut, denkt an ein Senfkorn: *Ein Senfkorn ist klein, winzig klein. Aber was wird daraus, wenn es in der Erde liegt? Wird daraus nicht sogar ein Senfbaum? Oder ein Salzbusch? Finden in seinem Schatten nicht sogar Vögel Schutz?* Vertrauen beginnt immer klein."

4.3   Die Barmherzigkeit des Fremden

In den meisten meiner Geschichten wollte ich etwas über Gott deutlich machen. Aber es gibt eine Geschichte, die an jeden Menschen als Menschen gerichtet war. Natürlich erzählte ich sie nicht vor den Vereinten Nationen. Die gab es damals noch nicht. Ich erzählte sie überhaupt nicht im großen Kreis, sondern im intensiven Gespräch.

Wir wanderten durch meine Heimat. Meine Freunde und ich hatten Galiläa durchforstet. Was ich dort erlebte, war sehr zwiespältig. Ob es um Bethsaïda ging oder Chorazin oder Kapernaum: Die Leute waren wie überall und manchmal dachte ich verzweifelt: Überall dominieren die Bösen. Uns begegneten genügend Menschen, die sich für die Besseren hielten, weil sie „zu uns" gehörten, also zu den Nachkommen Abrahams. Sie verachteten die „Heiden" aus Tyrus und Sidon und malten sich aus, dass diese in die Verdammnis kämen. So verachteten sie auch die Leute aus Samarien, die sich nicht am Tempel von Jerusalem orientierten, obwohl sie die Heiligen Schriften kannten. Sie selber seien die Guten und von Gott geliebten, die Samariter minderwertig. Nicht alle waren platt überheblich. Viele bemühten sich tatsächlich um ein Leben nach den Normen Gottes. So konfrontierte mich einmal einer, der die Heiligen Schriften studiert mit der Frage: „Meister, was muss ich tun, um das ewige Leben zu gewinnen?"

Meinte er die Frage ernst oder glaubte er, ich würde mich durch eine anstößige Antwort unmöglich machen? Ich bin ein Rabbi und wie geht ein Rabbi mit einer Frage um? Richtig! Er stellt eine Gegenfrage. Klassisches Beispiel: Der Rabbi wird gefragt: „Rabbi, warum antwortest du auf jede Frage mit einer Frage?" Der Rabbi antwortete: „Warum nicht?"

Ich deutete auf den Schriftgelehrten: „Was würdest du sagen?" Er antwortete wie aus der Pistole geschossen: „Ich soll Gott, meinen Herrn von ganzem Herzen und mit ganzer Seele lieben, mit aller Kraft und all meinen Gedanken. Und ich soll meinen Nächsten lieben wie mich selbst."

So antworten Musterschüler. Also lobte ich ihn: „Das doch ganz gut! Warum fragst du dann?"

Meine Reaktion befriedigte ihn nicht. Er wollte etwas Handfesteres und fragte nachdrücklich: „Wer ist denn mein Nächster?"

Gute Frage. Einfach, aber gut. Man könnte das Gebot so verstehen, dass man jeden Menschen lieben soll. Das klingt prima, geht aber an der Wirklichkeit vorbei. Denn am Schluss bleibt nur „Ich liebe die Menschen, nur Leute kann ich nicht ausstehen".

Es nützte nicht, abstrakt zu bleiben. Ich brauchte eine anschauliche Geschichte:

„Hör zu: Ein Mann kam aus Jerusalem und wanderte den gefährlichen Weg durchs Gebirge hinunter nach Jericho. In dieser einsamen Gegend überfielen ihn Räuber. Sie plünderten ihn aus, schlugen ihn zusammen und ließen ihn schwerverletzt auf dem Weg liegen.

Da kam aus Jerusalem auf demselben Weg ein Priester herab. Er sah ihn und ging weiter. Hatte er Angst vor Räubern? Hatte er Angst vor einer Falle? Wollte er sich einfach nicht die Hände schmutzig machen?

Geraume Zeit später kam ein Levit des Wegs. Auch er sah den Zusammengeschlagenen, machte einen Bogen und ging weiter. Er war für die Reinhaltung des Tempels, für die Einhaltung der Gebote zuständig. War so ein blutender Mensch unrein?

Dann kam ein Händler aus Samaria mit seinem Esel vorbei. Er sah den bewusstlosen Mann und erschrak: ‚Was ist denn da passiert?!' Er eilte hin und schaute sich die Wunden an. Mit etwas Wein zum Desinfizieren und Öl zum Abschirmen konnte er die Wunden vorerst versorgen. Dann wickelte er Tücher um die Wunden und hob den Verletzten vorsichtig auf sein Lasttier.

Nach einer langen Stunde erreichte er eine Pilgerherberge, wo er ihn notdürftig mit Hilfe des Wirtes versorgte.

Am nächsten Morgen musste er weiter und sagte dem Wirt: ‚Hier hast du zwei Silberdenare. Pflege ihn, bis er wieder auf die Beine kommt. Wenn es mehr kostet, zahle ich es, wenn ich wieder nach Jerusalem muss.'

Nun, was sagst du: Wer von den dreien wurde der Nächste für den, den die Räuber überfallen hatten?"

Der Gesetzeslehrer konnte nicht anders. Die Antwort war ihm praktisch in den Mund gelegt: „Es war der, der barmherzig zu dem Überfallenen war."

Ich nickte und bemerkte: „Der Mann kam aus Samaria. Es war kein frommer Jude aus Jerusalem. Er kannte die richtigen Schriften und die richtigen Lebensregeln nicht. Und doch machte er genau das, was Gott von uns erwartet. Anders als der Priester, der sich Gott so nahe fühlte. Anders als der Levit, der glaubte, für die Einhaltung von Gottes Regeln zu sorgen. – Also: Jetzt mach es einfach genauso. Handle nach deinem Herz, in das Gott dir das richtige Handeln eingibt."

4.4   Von einem, der aus Güte nichts lernte

In Galiläa umgaben mich keine Heiligen. In späteren Jahrhunderten nannte man sie Heilige. Warum? Weil sie zu mir gehörten. Das ist auch in Ordnung. Es ist aber nicht in Ordnung, wenn man sich unter einem Heiligen einen Menschen vorstellt, der ohne Fehl und Tadel ist. Wäre das Reich Gottes voller Menschen ohne Fehl und Tadel, wäre es menschenleer. Oder viel direkter: Bestünde das Reich Gottes nur aus sündlosen Menschen, wäre es das „Nichts". Ist das soweit klar?

Der „heilige Petrus" verwickelte sich öfters in Streitigkeiten. Einfältig, wie er war, ereiferte er sich, wo es sich nicht lohnte und er auch nicht Bescheid wusste. Er fühlte sich auch immer wieder beleidigt, zu Recht, zu Unrecht oder zu Halbrecht...

Meinen Schülern, also auch ihm, erzählte ich immer wieder, dass unser Miteinander auf Vergebung basiert. Wenn wir einander nicht vergeben, leben wir bereits in der Hölle. Wir machen uns das Leben zur Hölle, wenn wir nicht vergeben können. Dabei muss Vergebung die

Grundhaltung der Gemeinschaft sein, sonst wird das nur noch ausgenutzt und das ist nicht zielführend.

Aber Simon wollte wissen, wann das Maß voll ist: „Wie oft muss ich höchstens vergeben? Reichen sieben Mal?" Sieben ist diese magische Zahl, bei der alles in Ordnung ist. Trotzdem erwiderte ich: „Nein, nicht siebenmal, sondern siebzig Mal siebenmal." Dabei musste auch dem schlechtesten Rechner klar sein, dass ich nicht 490 meinte, sondern eine Zahl ohne Grenze angeben wollte. Ich erzählte ihm wieder einmal ein Gleichnis: Er musste selbst spüren, wo der entscheidende Vergleichspunkt lag und der lag bestimmt nicht darin, dass er ein König sei. Auch wenn ich konkrete Werte nannte, konnte man diese Geschichte immer verstehen im Sinne von „wahnsinnig viel" oder „doch relativ wenig".

„Ein König ließ seine Mitarbeiter zur Abrechnung erscheinen. Einer der einflussreichen Minister hatte Schulden von zehntausend Zentnern Silber. Einen solchen Betrag konnte er nicht bezahlen. Der König wusste, dass er als Herrscher straight sein musste. Wer nicht bezahlte, kam in Schuldhaft und bei dieser Summe betraf dies die ganze Familie. Dazu kam der Verkauf seines gesamten Eigentums. Der Minister fiel auf die Knie. Er jammerte und flehte den König an: ,Hab Geduld mit mir! Lass es nicht an meiner Familie aus! Ich werde dir alles bezahlen, ich brauche nur Zeit!' Den König packte Erbarmen: ,Du sollst frei sein! Auch deine Familie soll frei sein! Ich erlasse dir alle deine Schulden!'

Mit welchen Gefühlen verließ der Minister den Raum. Alles war ihm erlassen worden!

Da überquerte er den Hof und wer begegnete ihm? Jener einfache Staatsbeamte, der ihm noch hundert Silbergroschen schuldig war. Das durfte nicht sein! Läuft der ihm so frech über den Weg, ihm, dem Minister! Erregt ging er auf ihn zu und packte ihn bei der Gurgel: ,Du schuldest mir noch hundert Silbergroschen! Bezahle sie, auf der Stelle!' ,Sei gnädig, habe Geduld! Ich will es dir bezahlen, aber ich brauche noch Zeit!'

,Ich kenn euch Kriminelle! Nein, ich lasse mich nicht betrügen! Du kommst in den Schuldturm!' Er rief Soldaten und die warfen den Beamten in den Schuldturm.

Das sahen etliche, die die Szene zwischen König und Minister miterlebt hatten. Sie gingen zum König und erzählten, wie sich der Minister verhalten hatte.

Wütend rief der König : ‚Bringt den Kerl zu mir!‘. Als er gebracht wurde, herrschte er ihn an: ‚Du übler Bursche! Deine riesige Schuld habe dir erlassen, weil du mich erbarmt hast. Hättest du nicht einen Bruchteil dieses Erbarmens für deinen Schuldner haben können?‘ Der Minister wusste nichts zu erwidern und der König befahl: ‚Steckt ihn in den Schuldturm, bis er alles bezahlt hat!‘

Kann man seine Schulden bezahlen, wenn man im Gefängnis sitzt? Was passiert, wenn du nicht dein Herz anrühren lässt und deinem Bruder vergibt."

So eine klare Geschichte verstand wohl jeder, Petrus und alle meine Schüler. Wer es nicht versteht, will es nicht verstehen. Leider lernte ich eine ganze Menge Leute kennen, die zu diskutieren begannen, wo sie in sich gehen müssten, selbstkritisch werden. Selbstkritik muss man nicht jedem erzählen, aber man kann sich so verhalten, dass jeder den Weg der Demut spürt.

4.5 Schuld und der Turm von Siloah

Schuld und Strafe sind ein seltsames Geflecht. Die meisten Menschen, denen ich begegnete, wünschten sich eine Welt, in der auf böses Verhalten Strafe folgte. Manche erklärten: Die Welt hält sich im Gleichgewicht wie eine Waage, indem Böses mit Strafe aufgewogen wird. Entsprechend behaupteten sie: „Wenn jemand leidet, muss er etwas Böses getan haben." Wenn Bösen nichts Schlimmes geschah, gab es in dieser Gleichgewichtstheorie nur eine Möglichkeit: eine Welt nach dem Tode, in dem die Gerechtigkeit wieder hergestellt wird. Das klingt nach Wunschdenken, oder? Andererseits erlebte ich bei eben den Menschen auch, dass dann, wenn sie in etwas Böses verstrickt waren, Ausreden zur Hand waren, die eigene Verantwortung nivelliert wurde.

In Jerusalem ließ Pilatus Pilger aus Galiläa umbringen, als sie zum Tempel kamen. Er vermutete wohl Aufständische unter ihnen. Sie würden ihrem Gott Opfer bringen, damit er ihren Befreiungskampf unterstützte. Pilatus ging auf Nummer sicher und ließ sie abstechen.

Das diskutierte man bei uns. Waren sie Märtyrer oder war ihr Tod die Strafe für ihre Sündhaftigkeit?

„Glaubt ihr wirklich, diese Galiläer haben schwerere Sünden begangen als alle anderen?" hinterfragte ich die Diskussionen. „Sind wir, also auch Galiläer, bessere Menschen als jene Opfer?"

Das war nicht schwer zu beantworten. Wer wollte sich angesichts dieser Morde als blendendweißer sündenloser Mensch zu erkennen geben.

„Oder denken wir an die Opfer des Unglücks in Jerusalem: Als dort der Turm in Siloah einstürzte und achtzehn Menschen unter sich begrub: Waren diese Achtzehn schlimmere Sünder als alle anderen Einwohner von Jerusalem?"

Die Frage war leichter zu beantworten, weil wir alle nicht zu den Betroffenen zählten. Aber meine Zuhörer wussten, worum es ging und sagten lieber mal nichts.

Ich zog meine Schlüsse: „Wenn es in Jerusalem und Galiläa so ist, dann wird es überall so sein: Wen ein Unheil betrifft, der ist nicht schuldiger als die Menschen um ihn herum. Hört gut zu: Es müsste sonst umgekehrt sein! Alle sind irgendwo schuldig geworden. Alle müssten sterben. Ihr solltet dem Herrn danken, dass ihr lebt. Und ihr solltet euer Leben neu ausrichten."

Die Leute, die Schuld und Unglück, gar Krankheit miteinander vermischten, hatte ich gefressen. Die gehörten für mich zu den übelsten Heuchlern, die oft genug das Leben anderer beschwerten durch diese überhebliche, verlogene Verknüpfung von Wirkung und Ursache. Stundenlang könnte ich mich darüber auslassen! Aber das bringt auch nichts.

4.6   Der Feigenbaum und Gottes Geduld

Wir waren beim Thema „Vergebung". Ist klar, dass ich die gute Botschaft des Herrn verkünde? Wird deutlich, dass Gottes Liebe durch mich wirkt? Gerade wenn es darum geht, wie schwer das persönliche Versagen wiegt, ist Gottes große Liebe wichtig. So erzählte ich folgende Geschichte:

„Ein Mann hatte in seinem Weinberg einen Feigenbaum. Er freute sich auf die leckeren Früchte und kam, um sie zu pflücken. Aber er fand nichts. In diesem Jahr

nicht, im nächsten Jahre nicht... Da wandte er sich an den Weingärtner, der für ihn den Weinberg besorgte: ‚Seit drei Jahren komme ich, aber nie trug dieser Baum Früchte! Hau ihn heraus! Er nimmt nur den Weinstöcken die Nahrung weg!‘

Der Weingärtner aber flehte: ‚Herr, lass ihn heuer noch. Ich werde die Erde umgraben, ich werde ihn düngen. Ich bin sicher, dass er noch Früchte trägt. Hab noch dieses eine Jahr Geduld. Wenn es nichts bringt, dann werde ich ihn heraushauen.‘"

Meine Hörer spürten: Gott ist geduldig. Er hat ein weites Herz und zeigt sich beweglich. Er lässt sich bewegen. Gleicht er dem Herrn oder dem Weingärtner? Seid ihr wie der Weingärtner, der Gott um einen Sünder bitten muss? Oder seid ihr der Herr, der sich zur Geduld mahnen lässt?

4.7 Du bist bei Gott eingeladen

Manche Leute, die ich traf, bildeten sich etwas auf ihren guten Lebenswandel ein und waren sich sicher: Ich bin bei Gott gut angesehen. Manche wiederum waren verunsichert, ob sie sich gut hielten. Es ist einfach so: Wer sich genau beobachtet, findet immer etwas, dass er kritisieren kann. Dazu braucht er keine anderen Leute. Wer das nicht will, lässt Kritik einfach nicht an sich heran.

Wir saßen beim Essen zusammen, ich hatte den Segen über Brot und Wein gesprochen und einer meinte: „Selig ist, der das Brot isst im Reich Gottes!" Ich verstand, was er meinte, aber ich wusste, dass man sich ganz leicht etwas vormachen kann. Darum hob ich meinen Becher, sagte „Le Chajim!", trank einen Schluck und plauderte davon, wie die Geschichten mit Gott wirklich sind.

„Ein angesehener Mann richtete ein großes Festessen aus und lud Menschen aus seinen Kreisen ein. Als es so weit war, schickte er seinen Knecht herum, dass dieser den Eingeladenen ausrichtete: ‚Ihr könnt kommen. Alles ist vorbereitet!‘

Aber die noblen Herren hatten ihre Entschuldigungen bereit: ‚Schau, ich habe einen Acker gekauft. Ich muss ihn anschauen. Bitte, entschuldige mich!‘

Der Zweite war nicht besser: „Ich habe fünf Ochsen-
gespanne gekauft. Ich muss sie begutachten! Bitte, ent-
schuldige mich!'

Der Dritte wurde noch härter: ‚Ich habe gerade erst
geheiratet und meine junge Frau zuhause. Ich kann nicht
kommen! Bitte, entschuldige mich!'

Als der Knecht mit diesen Entschuldungen zu seinem
Herrn zurückkam, wurde dieser wütend: ‚Wie gehen die
denn mit mir um?! Geh hinaus auf die Straßen und hole
Arme, Krüppel, Blinde und Lahme herein.' Der Knecht ge-
horchte und sagte dann: ‚Es ist noch Platz da!' Der Herr
überlegte nicht lange: ‚Geh auf die Landstraßen und an
die Zäune und hole die Streuner, die Penner herein! Mein
Haus wird voll werden! Das wäre doch gelacht!'

Und als alle da waren und das tolle Essen genossen,
sagte der Herr zu seinem Knecht: ‚Ich sage dir: Keiner,
den ich eingeladen hatte, wird bei mir etwas Gutes be-
kommen! Das kriegen die, die es wirklich genießen!'"

Verstanden das alle, die um mich herum saßen und
mit mir aßen und tranken? Ich war mir nicht ganz sicher. Es ging schließlich darum, den Augenblick zu erkennen und zu ergreifen, in dem man bei Gott sein
konnte.

Zum Reich Gottes gehörte für mich die Bejahung des
Lebens. Das Gleichnis vom Festmahl veranschaulichte
diesen Aspekt. Allerdings enthielt auch dieses Gleichnis
den Gerichtsaspekt, wobei nicht irgendein Weltenrich-
ter jemanden verurteilt, sondern jeder selbst in der
Hand hat, zu kommen oder fernzubleiben.

5   Heilsame Begegnungen

5.1   Der rasende Mann

Wenn man von Kapernaum drei Tage in den Südos-
ten wandert, kann man nach Gerasa kommen. Dort soll
ich einen rasenden Mann geheilt haben. Hätte ich vielleicht, aber ich hätte nicht einen großen See herbeizau-
bern können. Ebenso wenig hätte ich Gerasa an den See
Genezareth fliegen lassen können. Da lief wohl einiges
im Geschichtenerzählen schief.

Die Geschichte habe ich ein bisschen anders erlebt. Wir fuhren von Kapernaum aus zum Ostufer des Sees und erreichten ein paar Berge nördlich von Hippos. Wir passierten die Höhlen, die man dort im leichten Gestein findet. Unvermittelt hörten wir lautes Schreien. Ein Mann kam mit den Armen wedelnd und laut rufend auf uns zu. Er rollte mit den Augen. Es wirkte bedrohlich. Später erfuhren wir, dass man ihn sogar schon gefesselt hatte, aber Fesseln nicht stark genug für ihn waren. Ich kannte das von manchen Kranken, die plötzlich eine Kraft entwickelten, über die sie normalerweise gar nicht verfügten. Sein Schreien hallte durch die Gegend. Er hielt sich oft bei den Grabhöhlen auf, als wäre er Teil der Totenwelt und er schlug sich mit Steinen. Was war los mit ihm?

Das alles wusste ich noch nicht, als er auf uns zu rannte, vor mir in die Knie ging, die Arme zum Himmel oder zu mir reckte und brüllte: „Was habe ich mit dir zu schaffen?!" Erkannte er mich? Woher? Warum? Wie?

Ich weiß es nicht. Ich versuchte, ihn zu beruhigen. Ich merkte, dass eine fremde Kraft in ihm wirkte. So sprach ich in seine Richtung: „Lass diesen Mann in Ruhe, du böser Geist! Verlasse ihn!"

Aber er - oder die Kraft, die ihn beherrschte - schrie heftig: „Sohn des Allerhöchsten! Ich habe nichts mit dir zu tun! Quäl mich nicht. Lass mich in Ruhe!" Die verzerrte Stimme kam aus dem Mund des Mannes. Aber sollte ich glauben, dass der Mann mich anflehte, ihn in dieser fürchterlichen Verfassung zu lassen?

Ich fragte ihn, wer er sei und er antwortete: „Ich heiße Legion! Wir sind viele!" Legion? So nannte man eine Einheit aus dem römischen Militär. Die Römer waren die Besatzer. War dieser Geist, waren diese Geister Besatzer?

Hat schon mal jemand gehört, dass einer viele ist? Gibt es eine Person, die aus vielen Personen besteht? Unvorstellbar! Als ob auf einem Hals viele Köpfe wären, als ob aus einem Rumpf viele Arme kämen, als ob aus einem Becken viele Beine ragten.

Wie musste der einzelne Mann, in dem so viele steckten, leiden. Wie zerrissen musste er sein oder wie oft schalteten diese „Geister" in ihm um.

Mir kam eine Idee. Unweit der Höhlen in der Nähe des Ufers weidete eine Herde, eine Schweineherde. Ich winkte dem Mann und zeigte auf die Schweine: „Schau sie dir an! So viele sind es. So sieht es in dir aus! Das ist furchtbar."

Da fing der Mann wieder an zu brüllen. Er fuchtelte mit den Armen und rannte zu den Schweinen. Die Schweine aber rannten davon, direkt auf das steile Ufer zu und stürzten hinein. Als wir den Abhang erreichten, sahen wir, wie sie im Wasser untergingen. Es war grässlich. Der Mann drehte sich zu mir: „Sind sie weg? Bin ich allein? Haben sie mich verlassen? Bin ich frei?" Er wirkte wie ausgewechselt.

Die Schweinehirten waren weggerannt, als alles zu toben begann. Manche schauten aus der Ferne zu, andere eilten ins nahe Hippos mit dieser unglaublichen Geschichte. „Das will ich selbst sehen!" sagte sich mancher und bald näherten sich vorsichtig neugierige Leute. Einige erkannten den Kranken. Aber nein, war er nicht mehr krank. Er verhielt sich normal, sprach vernünftig. Was war passiert? Die Geschichte, die die Hirten erzählt hatten, war ihnen unheimlich. Einige baten mich aus einem Sicherheitsabstand heraus, ich solle mich aus ihrer Gegend verziehen. Eine solche Kraft erschien ihnen bedrohlich.

Der dankbare Mann wollte sich uns anschließen, Doch das passte jetzt gar nicht. Ich erklärte ihm, er solle zurück zu seiner Familie gehen. Dort könne er mit seinen Leuten zusammen Gott, dem Herrn, für die Befreiung danken.

5.2   Männer, Frauen, Familie

Heute sind ganz Kirchen nach der „Heiligen Familie" benannt. Aber meine Familiengeschichte war nicht ganz so einfach. Als ich begann, in der Öffentlichkeit aufzutreten, war dies einigen in meiner Familie echt peinlich. Ich weiß noch: Als sich einmal ganz viele Leute in ein Haus drängten, in dem ich zu Besuch war, tauchten Leute aus meiner Familie auf und wollten mich mitnehmen. „He, was soll das?!" Ich ärgerte mich über dieses übergriffige Familiengehabe. Eine Stimme knurrte: „Er spinnt!" Und einer ergänzte: „Er ist außer sich!"

Sie hatten es nicht leicht mit mir, denn wenn man jemanden sein ganzes Leben kennt und auf einmal geht er einen ganz anderen Weg, dann kann einen das verunsichern. Sie hatten gehört, dass ich Dämonen austrieb. Kann das einer machen, der nicht selber besessen ist? So behaupteten es zumindest einige der Pharisäer. Aber denen hatte ich gesagt: „Wenn ich besessen bin, weil ich die fremden Kräfte beherrsche, dann sind es eure Leute auch, wenn sie diese Kräfte beherrschen." Sie meinten gar, ich wäre mit dem Beelzebub verbandelt. Aber an meinen Früchten könnten sie mich erkennen.

Später zog meine Mutter mit meinen Brüdern aus unserem kargen Bergdorf zu mir ins belebte Kapernaum am See. Sie hatten inzwischen meine Besonderheiten verdaut. Nicht, dass ich mich so verhielt, als sei ich „etwas Besonderes", aber ich verhielt mich immer etwas außerhalb der Norm. Das lag teilweise daran, dass die Norm, die allgemeine Richtschnur oft genug von der richtigen Richtung abgewichen war. Es lag aber auch daran, dass ich über einige Gaben verfügte, die von manchen Leuten sehr geschätzt wurden – während andere mich gerade deshalb kritisch anschauten.

Eines Tages kamen meine Leute bis zu dem Haus, in dem ich zu Gast war. Sie konnten aber nicht hinein, weil sich so viele Leute davor drängten. Da ließen sie nach mir rufen und letztlich flüsterte mir einer in der vordersten Reihe zu: „Jesus, deine Mutter und deine Geschwister sind draußen. Sie wollen dich sprechen."

Meine Mutter und meine Geschwister? Ich blickte mich um: Hier waren die Menschen, mit denen ich mich verbunden fühlte! Das war meine neue Familie. Das sagte ich ihnen auch: „Meine Mutter, meine Geschwister wollen mich sprechen? Aber ich sage euch: Ihr hier, ihr seid meine Mutter und meine Geschwister. Wer mit mir auf dem Weg Gottes ist, der ist für mich Bruder, Schwester und Mutter."

Muss ich noch erwähnen, dass meine Mutter sehr sauer war, als sie das hörte? Als wir später doch noch uns trafen, zischte sie ziemlich heftig: „Wie kannst du nur deine Mutter verleugnen?! Hast du keinen Anstand, keine Ehre im Leib?"

„Mutter, du musst das anders verstehen: Ich führe jetzt ein neues Leben. Ich habe mich aus meiner alten Familie gelöst und bin in meiner Umgebung wie in einer neuen Familie. Ihr habt keinen Sonderstellung mehr, weil ich meinen Platz gefunden habe."

Nein, das passte ihr gar nicht. Die Mutter ist die Mutter, das stellte einen ganz hohen Wert in ihrer Welt dar. Aber meinen Weg verfolgte sie noch bis zum Ende, zum blutigen Ende und darüber hinaus.

Einige Zeit später besuchte ich trotz meiner schlechten Erfahrung wieder Nazareth. Es hatte sich herum gesprochen, was am See Genezareth und in der Gegend von Kapernaum geschehen war und wie die Leute über mich redeten. In meiner Heimatstadt beäugten mich etliche Leute unverändert kritisch: „Kennen wir ihn nicht von klein auf?" „Das ist doch Jeshua, der Zimmermann, der Sohn von Joseph." „Wir kennen doch seine Mutter Maria. Unter uns sind seine Brüder, sind Jakobus, Joses, Simon und Judas. Bei uns leben seine Schwestern." „Was bildet der sich ein?! Ist er denn etwas Besonderes?"

Ich merkte schon: Weil man mich als „einen von uns" kannte, konnte man mich nicht als einen mit dem besonderen Auftrag Gottes sehen. Trotzdem wurden Kranke zu mir gebracht. Aber es gelangen mir nur wenige Heilungen. Denn bei den Prozessen, die bei mir ablaufen, ist Vertrauen, ist tiefes Vertrauen die Basis. Dieses Vertrauen war in Nazareth offensichtlich gestört.

5.3   Die trauernde Witwe

Unweit meiner Heimatstadt und meines Lieblingsberges liegt eine kleine Ortschaft mit dem bezaubernden Namen Nain. Wir kamen eine breite staubige Straße entlang und waren schon drei Stunden gewandert. Hier wollten wir uns vor der stundenlangen Wanderung zum See Genezareth erfrischen.

Doch als das Stadttor in Sicht war, kam uns ein großer Zug mit Menschen entgegen. Auf einer Bahre trugen Männer einen Leichnam. Wir traten beiseite. Als die Trauernden an uns vorbeizogen, fragte Simon einen: „Wer ist denn gestorben?"

Ein Mann deutete auf die schwarzgekleidete Frau, die laut weinend hinter dem Toten lief: „Die Arme. Ihr Mann ist gestorben und nun auch ihr einziger Sohn. Er hatte eine heimtückische Krankheit, die wir nicht kannten."

Ich blickte zu der heulenden Witwe. Würde so meine Mutter um mich trauern? Es schlug mir auf den Magen. Ich spürte eine Wut gegen ihr Leiden. Aber da war nichts mehr zu tun.

Trotzdem ging ich zu ihr. Sie kannte mich nicht, aber sie sah an meiner Begleitung, dass ich wohl ein wandernder Rabbi war. „Weine nicht!" sagte ich und blickte in ihre roten Augen. Dann ging ich zu dem Toten, der in Stoff gehüllt war. Ich rührte an ihn. War er wirklich tot? Stocksteif lag er da. Aber tot?

„Junge, steh auf!" flüsterte ich. Da rührte sich etwas im Stoff. Ein junger Mann schälte sich heraus und blickte sich ungläubig um. Wie befremdlich war dies für ihn! Zum Glück blieben die Träger stehen. Ich fasste ihn bei der Hand und ließ ihn aufstehen. Dann ging ich mit ihm zu seiner Mutter.

Alle staunten. Mich inbegriffen. Was war da denn passiert? Die Mutter hatte ihr Kind wieder. War das nicht ein Wunder?!

Eigentlich wollte ich nur die Mutter trösten, aber nun sahen die Leute in mir einen Propheten, der Elia das Wasser reichen konnte. Manchen galt ich als Abgesandter des Herrn. Aber wer war ich wirklich? Es gab so viele Seiten in meiner Entwicklung, ich hätte es nicht einfach auf einen Nenner bringen können.

5.4 Die Aussendung der Mitarbeiter

Meine Familie lösten Männer und Frauen ab, die mir näher standen. Ganz verschiedene Typen begleiteten meine Wege in Galiläa. Meine zwölf Jünger waren die bekanntesten. Aber darüber müsste ich sehr differenziert erzählen, denn so klar war das mit der Zahl Zwölf nicht. Diese Zahl sollte wie gesagt an die Stämme Israels erinnern: Mein Wirken galt ganz Israel. Aber ich hatte mehr als nur zwölf Jünger, Schüler, Mitarbeiter. Wenn ich wollte, dass meine Botschaft möglichst viele Menschen erreichte, dann brauchte ich viele kompetente

Mitarbeiter. Heute würde man von Multiplikatoren sprechen. Aber heute gäbe es auch unendlich mehr mediale
Möglichkeiten.

Mit der Zeit erhielt ich viele Einladungen, wo ich einmal hinkommen sollte. Da musste ich delegieren. 36
Paare schickte ich in einfacher Form auf den Weg. Das
entscheidende Kennzeichen: Sie sollten bescheiden und
unaufdringlich auftreten. Wenn Vertrauen entstand,
gab es sogar Phänomene, wie man sie von mir erwartete:
Heilungen. Aber es ist schon klar: Ich war kein Zauberer, ich vollbrachte keine Mirakel möglichst noch mit
Abrakadabra… Das Zwischenmenschliche entscheidet.
Einige meiner Schüler erwiesen sich als sehr lernfähig,
vor allem mit dem Herz, mit dem Gefühl.

Meiner Zeit entsprechend konnte ich nur Männer
auf den Weg schickten. Einige meiner Schülerinnen
fand ich zwar hervorragend, aber in unserer Gesellschaft konnten sie nicht einfach als Boten erscheinen.
Auch in den späteren Erzählungen über mich, wurden
die Frauen nur in der zweiten Reihe erwähnt. Das ver-
zerrt die Wirklichkeit. Wer die Geschichte um meinen
Tod und meine Auferstehung verfolgt, merkt, wie nahe
mir viele Frauen waren und was sie Besonderes erlebten
und taten.

Schon in Galiläa brauchte ich Frauen, die mich unterstützten. Johanna war ganz wichtig. Als Frau eines
Verwalters des Königs Herodes, Chuza verfügte sie über
hilfreiche Beziehungen und ließ uns auch immer wieder
Geld zukommen. Wir lebten zwar nicht im Überfluss –
das passte weder zu mir noch zu meiner Botschaft -,
aber wir genossen es auch, wenn wir es uns gutgehen
lassen konnten. So ein Asket wie Johannes war ich nie
und meine Freunde freuten sich darüber.

Maria Magdalena war nahe bei uns und sie und ich
verbanden die besonderen Erfahrungen mit den Kräften, die unser Inneres zerstören können. Auch Susanna
begleitete uns und hatte ein Auge darauf, dass es uns
gut ging. Zu Maria und Martha aus Bethanien kann ich
noch eine eigene Geschichte erzählen.

5.5 Zu Gast bei Maria und Martha

Bethanien, „Armenhausen" bestand nur aus einem guten Dutzend Häusern, von Jerusalem keine drei Kilometer entfernt. Selten kam ich so weit hoch in die Berge, zuletzt auf meinem letzten Weg nach Jerusalem. In dem Weiler lebten zwei Schwestern, die ich sehr mochte: Maria und Martha. Mit ihnen erlebte ich Folgendes:

Ich kam überraschend nach Bethanien. Ich konnte ja nicht einfach anrufen oder eine Postkarte schicken. Ich tauchte unangemeldet auf, spät am Nachmittag. Hinter mir lag ein langer, staubiger Weg von Jericho her. Sechs Stunden bergauf schaffen einen, auch wenn man früh aufbricht.

„Jesus ist da!" rief Maria freudig ins Haus hinein. Martha erschien in der Tür und strahlte: „Du hast bestimmt einen Bärenhunger! Komm rein! Ich mach uns schnell was zum Essen!" Sie stellte mir eine Karaffe mit Wasser hin und begann unverzüglich mit den Vorbereitungen für ein Willkommensessen. Maria ließ mich zur Ruhe kommen: „Setz dich! Wie geht es dir?" Wir hatten uns lange nicht gesehen und ich hatte viel erlebt. Maria war ganz Ohr. Ich merkte bald, wie Martha unruhig wurde. Zögerlich näherte sie sich mir: „Meister! Das ist nicht in Ordnung, dass Maria es sich hier bequem macht und ich die ganze Arbeit habe. Muss sie nicht ihren Pflichten als Gastgeberin nachkommen?"

Maria lief rot an. Sie spürte, dass die Schwester mit ihrer unterschwelligen Kritik Recht hatte.

Aber ich teilte keineswegs Marthas Sicht. Wie sollte ich der eifrigen Frau vermitteln, wie ich zu der Sache stand? „Martha, schau mal: Ich habe einen langen Weg hinter mir. Ich habe viel erlebt. Ich mache es mir hier gerne bequem. Ich trinke auch gerne einen guten Schluck Wasser, aber ich habe auch viel zu erzählen. Maria hat das gemerkt. Sie hat sich erkundigt, wie es mir geht und ich bin immer noch am Erzählen. Es tut mir gut, dass sie mir ihre volle Aufmerksamkeit schenkt."

Martha blickte betroffen: „Aber Meister, du musst doch auch mal was essen. Du bist unser Gast! Wir können uns doch nicht einfach faul zu dir setzen und dir zuhören!"

Ich schüttelte den Kopf: „Martha, das sehe ich anders. Ihr könnt mir in aller Ruhe zuhören. Wasser habt ihr mir hingestellt. Das reicht vorerst. Wenn du willst, kannst du dich gerne ums Essen kümmern. Du machst dir viele Sorgen, damit alles schön wird, aber wenn du was von mir erfahren willst, dann musst du hier bleiben, wenn ich erzähle. Es ist deine Freiheit, Martha, aber dass Maria mir zuhört, tut mir ziemlich gut."

Meine Ausführungen glätteten Marthas Unmut nicht. Doch zu meiner Freude nahm sie meine Einladung ernst und setzte sich dazu. Es war schon dunkel, als ich den Vorschlag machte: „Jetzt könnten wir uns mal ums Essen kümmern." Das konnten wir alle drei genießen.

Als ich meiner Mutter zu Hause in Nazareth die Geschichte erzählte, protestierte sie: „Aber Jeshua! Deine Martha hat es gut gemeint und richtig gemacht! Du warst ziemlich unhöflich und Maria eine schlechte Gastgeberin."

„O Mutter! Wann wirst du mich endlich verstehen?!" Ich mochte immer wieder ihre Fürsorglichkeit, sie hatte ein gutes Händchen für mich. Aber wenn es um meine Anschauungen ging, reagierte sie oft befremdet.

5.6 Sich Sorgen machen

„Du machst dir viele Sorgen" sagte ich zu Martha. Dieses Thema kehrte in vielen Begegnungen wieder. Welche Rolle spielt die Sorge in deinem Leben? Welche Rolle spielen die materiellen Sorgen in deinem Leben. Einmal forderten mich zwei Brüder auf, ihre Erbstreitigkeiten in Ordnung zu bringen. Man hielt mich für einen weisen Mann. Aber dieser weise Mann stellte das materialistische Denken in Frage:

„Schaut zu den Raben: Sie säen nicht, sie ernten auch nicht, sie hauen sich keinen Keller, sie bauen sich keine Scheune. Aber sie haben ihre Nahrung. Gott schenkt sie ihnen. Schaut auf die Felder, wie die Lilien blühen. Wie schön sehen sie aus! Spinnen sie oder weben sie sich feine bunte Kleider? Mit den wunderbaren Farben der Blumen auf dem Feld lassen sich nicht einmal die prächtigen Kleider des Königs Salomo vergleichen."

Die Vögel, die Blumen, die ganze Natur ist versorgt. Glaubt ihr nicht, dass Gott auch euch versorgt?"

Wir müssen uns selbstverständlich um unseren Unterhalt kümmern. Aber darin darf sich das Leben nicht erschöpfen. Die tiefe Sorge soll sich nicht um Essen und Trinken drehen oder was du zum Anziehen brauchst. Leben ist mehr als das.

Wer kann sein Leben auch nur um eine Sekunde verlängern?! Was ihr braucht, weiß euer himmlischer Vater. Er will, dass ihr euer Leben nicht in Sorgen und Angst vergeudet. Die Sorge, aber auch die Vorsorge soll euch nicht beherrschen, nicht euer „Gott" werden. Ich vergleiche dies mit einem wohlhabenden Bauern.

5.7 Der reiche Kornbauer

„Die Felder eines reichen Mannes hatten gut getragen. Er investierte einen Teil des Ertrages als neues Saatgut. Die Saat spross enorm. ‚Was mache ich jetzt mit dieser Fülle?' fragte er sich nachdenklich. ‚Ich weiß: Ich breche meine Scheunen ab und stelle größere hin. Darin kann ich den Ertrag sammeln. Es wird mir gehen wie Joseph in Ägypten: Ich habe Korn für viele Jahre. Und wenn es schlechter werden sollte, zehre ich von meinem Vorrat. Ich mache es mir zuhause gemütlich. Ich brauche mir keine Sorgen mehr zu machen. Ich habe meine Ruhe und sage mir: Mein Herz, lass es dir gut gehen, iss, trink und genieße das Leben!'

Aber Gott sprach zu ihm: ‚Du Narr! Heute Nacht kommt der Tod und fordert deine Seele von dir. Was wird dann aus dem, das dein Leben sichert? Du kannst nichts mitnehmen. Andere werden es verprassen."

Du kannst Schätze sammeln, aber angesichts des Todes hast du nichts. In den Augen Gottes bist du nicht reich.

Was wird aus deinen gesammelten Schätzen? Ein schönes Gewand zerfressen die Motten und ein beindruckendes Schmiedewerk der Rost. Die eigentlichen Schätze sind nicht dieser Vergänglichkeit unterworfen. Die eigentlichen Schätze haben mit Liebe zu tun. Die Frage ist, woran du dein Herz hängst. Wo dein Schatz ist, ist auch dein Herz.

Wo ist also dein Herz? Da ist auch dein Herr, das ist auch dein Herr. In seinem Innersten kann niemand zwei Herren wirklich dienen. Wenn er den einen liebt, wird er den anderen hinten anstellen und ihn fühlen lassen: Du bist nur meine zweite Wahl. Nein, du kannst nicht Gott dienen und dem Mammon.

Stell das Reich Gottes in den Vordergrund, Liebe und Gerechtigkeit. Das andere wird sich ergeben. Denke an das Heute, lass dich nicht von den Sorgen um morgen beherrschen. Du kannst den heutigen Tag verlieren, wenn du nur an die Zukunft denkst. Du kannst alle heutigen Tage verlieren. So vertust du auch noch dein „letzte Heute". Es reicht, dass du die Probleme von heute anpacken musst. Darüber soll nicht untergehen, dass du dich des heutigen Lebens freust!"

Das war meine Geschichte zum Thema „Sich sorgen" und eine Predigt gleich mit dazu.

5.8   Die Syrophönizierin

Als ich am weitesten vom Tempel in Jerusalem, vom Zentrum meiner Religion entfernt war, öffneten sich meine Augen am weitesten. Nein, sie öffneten sich nicht von selbst. Eine Frau öffnete sie und sie verhalf mir zu etwas, was göttlich erscheint: Sie verhalf mir dazu, meine Einstellung zu ändern. Sie verhalf mir dazu, auf externe Kritik konstruktiv zu reagieren. Dabei begann die Geschichte ganz unaufgeregt...

Ich wanderte durch die Gebiete im Norden und Westen jenseits von Galiläa. Dabei erreichte ich sogar das Meer, kam bis nach Tyrus. Ich landete in einer fremden Welt. In fremden Orten hielt ich mich an jüdische Gemeinden. Synagogen fand ich in vielen Dörfern und Städten. Die ortsansässigen Juden hatten oft von mir gehört. Manchmal war es lästig, die Erwartungen abwehren zu müssen. Es fehlte grade noch, dass jemand behauptete, ich könne die Arme ausbreiten, übers Meer fliegen und der Kaiser dieser Erde werden. Und wenn ich schon heilte, dann könnte ich sicherlich Gliedmaßen, die bei Lepra abgefault waren, nachwachsen lassen. Außerdem könnte ich...

Nein. Alles, was ich „kann", läuft über Beziehungen, läuft über Vertrauen.

Ich versuchte, meine Anwesenheit als „Wunderheiler" geheim zu halten. Aber tuschelnd verbreitete sich die Nachricht. Eines Tages betrat eine einheimische Frau das Haus meines Gastgebers. Als Syrophönizierin gehörte sie zu den Gojim, den Ungläubigen. Das war außerhalb meines Wirkungskreises. Ich bewegte mich in der Tradition der Propheten des Berit, des „Bundes Gottes".

Die Frau schlich sich unbemerkt herein. Sie kniete sich vor mir nieder. Sie schaute hoch zu mir. Was sollte ich da tun? Sie wegstoßen? Da könnte ja jeder kommen!

Während ich zögerte, erzählte sie ihre Geschichte. Ihre Tochter wäre von einem unreinen Geist besessen. Ich sollte den Dämon austreiben.

Diese aufdringliche Frau musste ich in ihre Schranken weisen: „Gute Frau, ich bin Jude. Ich bin zu den Juden gesandt. Die Kinder Gottes will ich sättigen und nicht das Brot an die Hünd verschwendet." Unwillkürlich war ich in meinen Dialekt abgerutscht. So argumentierten sonst Leute, die sich gegen alles Fremde abschirmten.

Statt zu widersprechen, stimmte sie mir erstaunlicher Weise zu: „Du hast ja recht, Herr! Aber wenn wir essen, fällt doch immer auch etwas für die Hunde unter dem Tisch ab. Die Kinder werden satt und die Hunde bekommen auch etwas."

Boa! Was war denn das? War diese einfache Frau mir argumentativ überlegen? Auf so eine vereinnahmende Antwort muss man erst mal kommen. Ich schwankte zwischen Ärger und Bewunderung. Aber die Bewunderung siegte. Allein schon wegen ihres Witzes musste sie belohnt werden. Außerdem: Sie zeigte ein derart tiefes Vertrauen in mich, dass darin eine heilsame Kraft steckte. Darauf verließ ich mich: Wenn sie nach Hause kommt, spürt sie, dass sich etwas geändert hat. Dann ist für den Dämon kein Platz mehr in der Familie, auch nicht mehr in der Tochter.

Die Leute erzählten mir später, dass sie nach Hause kam, die Tochter tief und selig schlief, und weit und breit keine dämonische Kraft wirkte.

Sie hatte auch bei mir ein Wunder bewirkt: Ich merkte, dass mein Auftrag nicht nur dem Volk Jahwes galt, sondern letztlich „den Menschen".

5.9 Ein tauber und ein blinder Mann

Auf dem Rückweg nach Galiläa durchquerte ich das Gebiet der „Zwölf Städte". Da bewegte ich mich in einer synkretistischen Gemengelage. Juden wohnten dort wie Heiden, die ihrerseits zu ganz verschiedenen Religionen gehörten. Wer in der Dekapolis Jude war, musste sehr flexibel mit den mosaischen Geboten umgehen. Im Prinzip gibt es Kontaktverbot zu Ungläubigen. Man könnte sich kontaminieren. Manche hielten die Unreinheit der Andersgläubigen für ansteckend wie Aussatz. Ich denke an Lepra, die Pestepidemien, die Spanische Grippe, die Corona-Pandemie – durch alle Jahrhunderte zogen sich Krankheiten, die man am besten durch das Vermeiden von Kontakten bekämpfen konnte. Das übertrugen wir auf den religiösen Bereich. Man konnte sich bei denen infizieren, die mit anderen Göttern zu tun hatten.

Wir lebten aber mit ihnen zusammen. Daher blickte man vom jüdischen Stammesgebiet, vor allem aus Jerusalem, uns Galiläer schief an. Wir lebten praktisch in kontaminiertem Gelände.

In irgendeinem Dorf brachte man einen Mann zu mir, der taubstumm war. Gibt es etwas Bedrückenderes? Du kannst nichts hören, merkst es nicht, wenn sich jemand von hinten anschleicht, hörst nicht, was andere über dich lästern. Sie brauchen nicht einmal zu flüstern. Und du kannst dir deinen Frust nicht einmal von der Seele reden. Wie sollte ich ihm helfen?

Ich nahm ihn beiseite. Ich hasse es, wenn solche intimen Sachen wie Krankheit vor dem Publikum angegangen werden. Wenn es anders ging, zog ich mich zurück. Er schaute mich unsicher, aber vertrauensvoll oder zumindest hoffnungsvoll an. Ich hatte keine Ahnung, was er wusste.

Vorsichtig legte ich im meine Finger in die Ohren. Er konnte mich spüren. Ich nahm etwas Flüssigkeit von meiner Zunge und berührte damit seine Zunge. Seufzend blickte ich zum Himmel. Dann schaute ich den Taubstummen an: „Hephatach!" („Öffne dich!") Er

98

konnte mich nicht verstehen. Er sah meinen Mund. Was las er dort? War das ein Wunsch, ein Befehl? Ein Gebet!

Der Mann schaute mich verblüfft an. Hatte er mich verstanden? Die Lippenbewegung konnte er sehen, vielleicht interpretieren, aber das bedeutete nichts. Hatte er etwas gehört? „Hörst du mich?" Er nickte. Dann öffnete er ungläubig den Mund und stammelte: „Ja!" Wir schauten beide erstaunt: Er konnte tatsächlich hören – und auch sprechen! Das war das erstaunlichere: Denn wie kann jemand verständlich reden, wenn er nie etwas gehört hat. Oder hatte er doch früher einmal gehört? Ich wusste es nicht. Es spielte aber auch keine Rolle. Er war gesund!

Ich freute mich für ihn, aber ich wollte nicht, dass diese Geschichten die Runde machten. Vor allem wollte ich nicht, dass mich noch mehr Leute für einen Wunderheiler hielten. Das lenkte von meiner Botschaft ab. Das Wunder ist des Aberglaubens liebstes Kind. So etwas brauchte ich gar nicht. Ich wies ihn also an: „Bitte erzähle nichts davon weiter!" Was für eine hilflose Aufforderung! Jeder, der ihn kannte, merkte, dass er hören und reden konnte. Innerlich rang ich die Hände zum Himmel: „Großer Gott, ich will nicht, dass mich jemand als Wunderheiler tituliert!"

Andererseits: Hilfe verweigern? Das ist auch nicht meine Sache. Als wir vom Norden über die staubige Landstraße nach Bethsaïda kamen, der Stadt, aus der Petrus und Andreas stammten, führten sie einen blinden Mann zu mir. Ich solle ihn berühren. Meine Berührung wäre heilend. Was für ein absurder Gedanke. Nein, meine Berührungen heilen nicht zwangsläufig, sonst wäre ich einfach durch die Gegend gelaufen, hätte die Hände ausgestreckt und alle Kranken kurz berührt. Ganz Galiläa, ganz Samaria, ganz Judäa, ja, letztlich das ganze römische Reich wäre gesund geworden. Es hätte zwar seine Zeit gedauert, aber... Und als Europa nach Südamerika kam, wären die Ureinwohner nicht an fremden Seuchen gestorben, sondern ihre alten Krankheiten hätte ich durch einen Überflug geheilt.

Vor mir lag freilich nicht die ganze Welt, sondern stand dieser Blinde mit seinem erwartungsvollen Blick.

Nein, mit seinen trüben Augen. Zum Glück konnte ich auch hier meinem Stil treu bleiben: Ich ging mit ihm vor das Dorf und nahm ihn beiseite. Dann strich ich ihm Speichel auf die Augen. Manche finden das eklig, aber andere wissen, dass es gut tut und im Speichel auch eine Kraft steckt, die heilsam sein kann. Ich legte ihm die Hände auf den Kopf und fragt ihn: „Siehst du jetzt etwas?" Der Mann zögerte: „Es bewegt sich etwas. Sind das Menschen oder Bäume?" Der Blinde war nicht von Geburt an blind gewesen, er hatte Erinnerungen an die Zeit des Sehens. Seine Erwartungen waren sehr eindeutig. Ich strich ihm also noch mal über die Augen: „Und jetzt?" Er lachte: „Jetzt seh ich klar!"

Ich wollte nicht wieder in lästige Diskussion verstrickt werden und forderte ihn auf, nach Hause zu gehen, aber das Dorf zu meiden. Es sprach sich trotzdem herum.

So dauerte es auch nicht lange, bis Pharisäer auf mich zukamen und mit mir diskutierten. Sie erwarteten ein Zeichen vom Himmel, das mich legitimieren könnte: „Rechtfertige dich durch ein Wunder!"

Ich brummte sauer: „Was für ein Unfug ist das denn? Ihr werdet kein Wunder sehen. Das Wunder wäre, wenn ihr eure Herzen bewegt. Wenn sich eure Herzen öffnen für das tiefe Wort Gottes. Das ist das einzige Wunder, das ihr braucht!"

Ich schnappte mir ein Boot und ruderte weg. Ich brauchte kein Wunder, sondern meine Ruhe.

5.10 Ein Zeichen vom Himmel

Oft genug blieb ich auch außerhalb der Ortschaften nicht alleine. Schnell sprach es sich herum, wo ich war und die Leute kamen zusammen. Diesmal rasteten wir weit weg von der nächsten Ortschaft und gefühlt waren hunderte oder gar tausende von Menschen herbei geströmt. Ich nutzte die Gelegenheit, vor einer solchen Menge lange zu reden. Manchmal ist es angenehmer, wenn die Berge zum Propheten kommen als wenn der Prophet in alle Dörfer ziehen muss.

Gegen Abend tauchte ein logistisches Problem auf: Viele Leute, wenig Essen. Wenn die, die von weit her kamen, jetzt heimwärts zogen, würde der Weg zur Qual.

Das wollte ich nicht. Aber wie löst man in der Wildnis das Problem des Essens? Ich konnte schlecht meine Arme zum Himmel heben und Manna regnen lassen. Dieses Wüstenbrot gab es hier nicht und es erschien auch nur mit dem Morgentau. Doch das ist ein anderes Thema.

Ich fragte meine Schüler: „Was habt ihr zu Essen dabei?" „Sieben Brote!" Ich wies sie an: „Alle sollen sich setzen." Sie organisierten das. Die Leute machten es sich auf dem Gras bequem. Ein riesiges Picknick!

Ich ließ mir die Brote geben, segnete sie sichtbar für alle, brach Stücke ab und verteilte sie. Die Menschen um mich herum folgten meinem Beispiel. So kam Bewegung in die Menge. Einige kramten auch noch Brote heraus und... ja, und teilten sie mit den Nachbarn. Das klappte prima. Thomas reichte mir aus seinem Korb ein paar getrocknete Fische, die ich unters Volk brachte und auch bei der Menge tauchten Beilagen auf. War das eine Supersache?

So ging es weiter. Am Ende zeigten sich alle als satt und zufrieden. Ein Wunder? Es blieb sogar noch etwas übrig. Gesättigt an Leib und Seele machten sich die Leute auf den Heimweg und ich stieg mit meinen Jüngern ins Boot. Ich fürchtete: Wenn ich länger bleibe, machen die einen König aus mir, weil ich solche Dinge auf die Reihe bringe. Aber mein Auftrag lautet anders!

5.11 Exorzismus?

Auch aggressiven Diskussionen entkam ich nicht. Man sprach darüber, dass ich Dämonen austrieb. Musste ich da nicht die Kraft eines „Oberdämons" besitzen? Die Schriftgelehrten bestätigten ich gegenseitig im Brustton der Überzeugung: „Er ist vom Beelzebub besessen. Der Anführer der Dämonen steckt in ihm. Mit seiner Hilfe treibt er Dämonen aus!"

Ich mischte mich ein: „Wie soll denn so etwas gelingen? Wenn ein Herrscher mit seinen Untergebenen im Streit liegt, wie will er dann erfolgreich sein? Wenn eine Familie nicht zusammen hält, wie will sie dann Stärke zeigen? Wie sollte ein Dämon mit meiner Hilfe andere Dämonen vertreiben? Das passt doch nicht..."

Eifrig diskutierten sie darüber. Sie überlegten nicht, was so ein Dämon überhaupt sei. Das wäre eine interessante Frage gewesen, denn letztlich schlossen sie von dem, was sie sahen und hörten, auf etwas, das sie nicht sahen und hörten. Andererseits waren sie sich sicher, auf der guten Seite zu stehen und platzierten mich auf der bösen, weil ich Dämonen austrieb.

Da konnte ich nur den Kopf schütteln: „Was ist denn das für eine Denkweise? Wenn eure Leute, wenn Schriftgelehrte wie ihr Dämonen austreiben, tun sie das dann im Namen Gottes oder sind sie dann auch vom Beelzebub besessen? Ich sage euch: Ich bin der Finger Gottes. Ich bekämpfe das, was Leiden verursacht. Ich versuche Menschen zu befreien. Ist das die Aufgabe eines, der von einer bösen Kraft beherrscht wird? Wenn ihr behauptet, ich wäre von einem bösen Geist besessen, dann seht euch vor: Denn ich weiß, dass es der Geist Gottes ist, der durch mich wirkt. Ihr solltet ihn nicht beleidigen!"

Mit solchen Diskussionen kommt man nicht weiter. Nur ohne Diskussionen kommt man auch nicht weiter. Es ist vertrackt.

6   Auf dem Weg in die Hauptstadt

6.1   Mein Image

Paneas, das die Römer Cäsarea Philippi nannten, lag im Norden meiner Heimat. Viele Leute besuchten das Heiligtum des griechischen Gottes „Pan". Seine Verehrer bezogen es auf die Natur, die er verkörperte. ‚Pan' heißt „alles". Müsste nicht mein Vater so genannt werden. Oder müsste nicht zumindest seine ganze Schöpfung ‚Pan' genannt werden? Wenn ich die Leute reden hörte, schien es so. Dieser „Gott" Pan sollte die Schöpfung verkörpern. Doch wenn ich es nur auf „alle" Menschen beschränkte: War mein Vater nicht der Schöpfer des ganzen Lebens? Müsste dann mein Wirken nicht allen Menschen gelten?

Schon bei meinem Rückzug in die Wüste waren mir solche Gedanken gekommen. Jetzt, bei den langen Wegen durch die Gegend nördlich meiner Heimat und nach der Begegnung mit der „Hunde-Frau" tummelten sich diese Gedanken in meiner Phantasie. Aber zunächst verfolgte ich mein ursprüngliches Ziel: Der alte Glaube meines Volkes müsste erneuert, aufgefrischt werden. Abraham, David und der Tempel beherrschten meine Gedanken, doch ethisch folgte ich eher Amos oder Jesaja, den Propheten der inneren Umkehr.

Von Cäsarea Philippi aus wandte ich mich Richtung Süden. Dort käme ich über Galiläa und Samaria, den Jordan entlang und hoch ins Gebirge nach Jerusalem. Sollte der Umkehrpunkt im Norden ein zentraler Wendepunkt in meinem Leben werden?

Wer war ich? Wer war ich geworden? Was sollte ich machen? Ich unterhielt mich mit meinen Jüngern darüber, wie die Leute über mich redeten. Sie kolportierten ganz unterschiedliche Antworten. Die seltsamste war: „Sie halten dich für Johannes den Täufer". Meinen Freund Johannes hatte Herodes ermorden lassen. Aber mit einem Weggefährten konnte ich nicht identisch sein, selbst wenn man seltsamer Weise an Wiedergeburt glaubte.

„Andere meinen, du bist Elia." Das klang nicht viel besser, aber immerhin... seit Jahrhunderten hielt sich das Gerücht, der Prophet Elia würde wieder kommen und die ungerechten Zustände umstürzen. Mit ihm begänne das echte Reich Gottes. Das konnte theoretisch stimmen. Zumindest, wenn man mich nicht fragte. Denn ich hätte klar gesagt: „Ich bin ich und niemand sonst."

„Manche meinen, du bist einer von den Propheten." Schön und gut, aber war ich nicht einfach selbst ein Prophet? Alle diese Identifikationen klangen in meinen Ohren schräg. Aber es ist nichts zu schräg, um nicht in irgendeiner Religion geglaubt zu werden.

Und meine Jünger? Sie begleiteten mich schon fast drei Jahre. Was glaubten sie?

Simon tat sich wieder als Musterschüler hervor: „Du bist der Messias!" Schön, wie er das sagte. Aber darüber sollten sie lieber nicht reden. Die Leute würden sonst allen Unsinn, der über den „Messias" im Umlauf war, auf mich übertragen.

Was glaubte ich selber über mich? Ich spürte, wie das Wesen des Vaters durch mich durchschimmerte. Ich brachte ihn in diese Welt, den Menschen nahe. War er vorher nie zu spüren? War er nur da, wo ich war? In der Begegnung mit Menschen erfuhr ich ihre Ansprechbarkeit. Ich merkte, wieviel von der Macht der Liebe in ihnen schlummerte, was in ihren Herzen alles möglich war. Nein, Gott, den Herrn als Liebe zu erfahren, das war Menschen immer möglich. Das konnte auch in fernen Tälern, fremden Ländern, den Inseln im Meer stattfinden. Aber ich brachte es in Worte und meine Person war so etwas wie die Worte Gottes, auch wenn ich meinen Mund nicht auftat. Ich verkörperte den Sinn Gottes. Mein Vater ist der Sinn der Welt, des Universums. Der Sinn ist nicht die Existenz des Universums, sondern in ihm die Liebe.

6.2   Die Wüste und die Macht

Es war wieder Zeit zum Nachdenken. Ich hatte meinen Horizont erweitert, war durch griechisch sprechende Gebiete gezogen, hatte Kontakte zu den Gojim und verstand die neue Dimension meiner Mission. Was musste ich als nächstes tun?

Zum Nachdenken zog ich mich wieder in die Wüste zurück. Dort sollte sich mein Leben neu ordnen. Ich musste verarbeiten, was ich in Tyros und der Dekapolis erlebt hatte, ich musste verstehen, was sich um mich herum ereignete, ich musste zuordnen, was die Menschen von mir erwarteten. Ich musste neu erkennen, was ich von mir erwartete.

Noch immer ging es darum, die Herrschaft Gottes zu verkündigen. Damit begann ich vor knapp drei Jahren, das war noch immer mein Auftrag. Beim „Reich Gottes", bei der „Königsherrschaft Gottes" geht es wirklich um Herrschaft. Bei Herrschaft geht es um das Zentrum der Macht, geht es um die Hauptstadt, geht es um die Auseinandersetzung mit den Mächtigen.

Wollte ich das?

Ich war erfolgreich. Es ging mir gut. Ich war, etwas spöttisch formuliert, „rex", der „King". Hier in Galiläa galt ich etwas. Wenn ich noch ein paar Jahrzehnte so weiter machte, würden die Leute von nah und fern kommen und bei dem alten weisen Mann sich Rat holen. Das war ein verlockender Lebensentwurf.

Ich könnte in die Ferne ziehen, nach Osten, nach Babylon mit dem eingestürzten Turm, zu den Flüssen des Exils, zum Euphrat oder gar bis Indien. Meine Botschaft würde dort gut ankommen. Ich könnte nach Ägypten ziehen und in den Süden nach Äthiopien, woher immer wieder tiefbraune, große Männer nach Jerusalem kamen. Ich könnte die Mittelmeerküste entlang durch Libya bis nach Spanien wandern. Manche römischen Soldaten erzählten sehnsüchtig vom kühlen Norden, sprachen von Germanien. Natürlich könnte ich auch ins Zentrum der Macht, nach Rom. Nicht nur, dass alle Wege nach Rom führten, die Wege von Rom führten auch in alle Welt. Das wäre das ideale Zentrum, wenn sich meine Botschaft im ganzen Kaiserreich verbreiten sollte.

Zeit genug hätte ich. Doch in der Wüste merkte ich: Meine Mission in Israel ist noch nicht beendet. Auf der Grundlage der Thora und der Propheten gibt es noch Klarheit zu schaffen. Dazu musste ich ins Zentrum der Macht, nach Jerusalem.

Ich verfügte über Erfahrungen mit mächtigen Männern. Es fehlten die „ganz oben", aber auch in Galiläa gab es „Führungspersönlichkeiten". Wer sich mit denen anlegte, geriet in Gefahr.

Ich wusste: Wenn du nach Jerusalem wanderst und dort Stellung gegenüber den religiösen und politischen Führer beziehst, wird es riskant. Manche würden mich auslachen, für einen Spinner halten. Wer aber wahrnahm, welche Wirkung ich auf Massen ausübte, würde mich sicher als Gefahr einstufen. „Unser" Kaiser in Rom, Tiberius, war in solchen Fällen schnell mit dem Todesurteil zur Hand. Man sprach von sogenannten „Kreuzigungswellen", die der Kaiser vollziehen ließ, um seine Macht zu halten. Seine willfährigen Stellvertreter leisteten gerne vorauseilenden Gehorsam. Die grausame, blutige und erniedrigende Kreuzigung diente als Strafe für die politischen „Verbrecher". Wenn sie mich als „Terrorist" klassifizierten, wäre ich vogelfrei.

Bei uns in Galiläa genoss ich Ansehen. In Jerusalem verfügte ich über keine Hausmacht. Hinter mir standen nur die Freunde, die mich begleiteten, Fischer und Zöllner und dergleichen „Gesocks".

Widerwillig spürte ich: Ich muss nach Jerusalem, komme, was wolle. So machte ich mich auf den Weg.

6.3   Petrus, Kreuz und Sturm

Mir war klar geworden, wie mein weiterer Weg verlaufen könnte. Vorsichtig weihte ich meine engsten Mitarbeiter ein.

Petrus orakelte schon, ich wäre der Messias. Es erstaunte ihn nicht besonders, als ich ankündigte: „Wir gehen jetzt nach Jerusalem. Der Menschensohn muss zum Tempel. Aber das wird gefährlich, denn die Hohepriester, die Ältesten und die Schriftgelehrten werden sich gegen uns stellen. Das kann tödlich ausgehen."

Dieser Ausblick entsetzte Petrus: „Jesus, so kannst du doch nicht reden! Gott steht zu seinem Propheten. Du bist der Messias. Gott wird dich schützen, wenn du deinen Auftrag erfüllst. Du darfst dich nicht auf die Gefahr einlassen!"

Das war ein bisschen widersprüchlich, aber ich verstand ihn. Trotzdem musste ich ein klares Wort sprechen: „Freunde, wir gehen jetzt nach Jerusalem. Es wird gefährlich. Es kann sein, dass ich das nicht überlebe. Aber versucht nicht, mich davon abzuhalten. Petrus, du bist ein Versucher. Du bist wie der Satan, der dem Hiob Fallen stellte. Geh mir aus den Augen! Du willst nicht, was Gott will. Du hast nur menschliche Ziele."

Petrus trottete betroffen weg. Er spürte meinen Ärger, aber er verstand mich nicht. Wollte er nicht nur das Beste für mich? Warnte er mich nicht, wie ein guter Freund seinen Freund warnt?

Ich verstieß ihn nicht. Aber er sollte in sich gehen, mit sich ins Reine kommen, bevor er meinen Weg weiter mit uns ging.

„Freunde! Wir sind an meinem Wendepunkt. Bisher seid ihr meinen Weg des Erfolges mitgegangen, aber wer jetzt mit mir weiter geht, der riskiert sein Leben. Wer nicht mitgeht, behält sein Leben, aber er ist nicht mit dabei – also wie tot. Und wer mit mir geht und dabei sein Leben verliert, der hat es genau in diesem Augenblick gewonnen, denn er war dabei!"

Vor uns lagen stürmische Zeiten. Darauf musste ich meine Leute einstimmen: *„Stellt euch vor: Wir fahren über das Meer, mit unsern kleinen Booten. Mitten auf dem See werden die Wolken dunkel, der Wind beginnt zu wehen und schließlich lässt ein Wirbelsturm die Wellen hochschlagen, in das Boot hinein.*

Ich bin ganz ruhig. Ich kann schlafen. Keine Angst weckt mich. Ihr könnt ruhig bleiben: Ich bin bei euch!

Würdet ihr mich wecken? Sollte ich den Sturm, sollte ich die Wellen beruhigen?"

Sie blickten mich an, als wären wir gemeinsam im schwankenden Boot auf dem See im Sturm. Aber zwischen „ich kann mir das vorstellen" und „ich glaube, du kannst über die Natur gebieten" ist ein großer Unterschied. Doch ich sprach von keinem Naturzauber, von keiner Wunderhandlung. Ich sprach nur in einem Bild von ihnen und von ihrer Angst:

„Ja, wir werden in einen Sturm kommen. Wir werden in Jerusalem in heftige Auseinandersetzungen kommen. Vielleicht wird es mich das Leben kosten. Aber ich bin bei euch! In euch kann es still sein, wenn ihr euer Vertrauen in mich behaltet."

Die Geschichte konnte sich ihnen einprägen, mit den blauschwarzen Wolken über dem See, den hohen Wellen und den schwankenden Booten. Würden sie das Vertrauen in mich behalten? Könnten sie das Boot ihres Lebens *an mir vertauen*?

Ich blickte sie an. Sie rührten mich. Sie setzten so viele Hoffnungen in mich und ich ahnte die großen Gefahren, denen wir in der Hauptstadt ausgesetzt sein würden. Ich ahnte, dass sie tief im Herzen Kleingläubige waren. Ihre größte Hoffnung blieb, dass ich der ersehnte Messias sei. Wenn ich mit Engelszungen redete, würde sich ihre Hoffnung verkriechen, aber immer wieder heruaslugen.

Muss ich – an dieser Stelle legt sich die Bemerkung nahe – betonen, dass ich nie über Wasser lief? Ich war ein Mensch. Hundertprozentig. Alles andere passte nicht zu meinem Auftrag.

6.4 Im Lichte des Vaters

Auch wenn ich nie übers Wasser lief, so stieg ich doch auf einen Berg. Das machte ich schon seit meiner Jugend. Stunden verbrachte ich alleine oben auf dem Gipfel, zwischen Himmel und Erde, also dem Himmel so nahe wie nur menschenmöglich. In drei Stunden lief ich als leichtfüßiger Jugendlicher auf den Tabor. Schon von weitem lockte er mich, als könnte ich gerade hier in den Himmel laufen.

Ich wusste, dass unsere Vorfahren etliche solcher Berge besuchten. In der Nähe zum Himmel bauten sie Heiligtümer. Mein Himmelsberg befand sich nahe an meinem Elternhaus. Von der Werkstatt meines Vaters in Nazareth zum Gipfel des Tabor waren es vielleicht zehn oder zwölf Kilometer. Aber auch zwanzig Jahre nach meiner Bar Mizwa wanderte ich hoch, diesmal mit meinen vertrauten Freunden Simon, Johannes und Jakobus.

Es fühlte sich wunderbar an, mit den lieben Genossen unterwegs zu sein, an die Aufbruchsjahre der Jugend zu denken und die ersten intensiven Begegnungen mit meinem himmlischen Vater.

Heute erlebten wir etwas Außerordentliches. Für den Aufstieg hatte ich ein Gewand gewählt, dass der Besonderheit der Nähe zum Himmel entsprach. Es war weiß. Als wir auf dem Gipfel waren, schien die Sonne nur für mich zu leuchten und ihr Licht leuchtete von meinem Gewand wider. Simon sagte: „Du strahlst wie...“ Aber er fand keine Beschreibung.

Dann hatten wir vier eine Vision. Zwei Gestalten bildeten sich heraus. Mose und Elia? Mose und Elia. „Mose hat uns die Gesetze gegeben!“ erklärte ich das Selbstverständliche. „Elia richtete den direkten Willen unseres himmlischen Vaters aus!“

Johannes strahlte: „In dir ist beides: Du sagst uns die Wegweisung und du erklärst uns den Willen des himmlischen Vaters!“

Simon rief begeistert: „Rabbi! Das ist wunderbar! Wir bleiben hier. Wir bauen ein Häuschen für dich, eines für Mose, eines für Elias!“

Ich glaube, er hatte keine Ahnung, was er sah und was nicht, aber es überwältigte ihn. Das Strahlen meines Gewandes zeigte ihm, dass ich zum Himmel gehörte.

Da aber sanken leuchtende Nebel hinter mir hinab wie eine Wand. Aus dieser Wolke kam eine Stimme, die ich kannte, die mir vertraut war, die ich liebte: „Du bist mein geliebter Sohn." Dann schien er zu allen zu sprechen: „Hört auf ihn! Alle sollen auf ihn hören!"

Die Drei blickten sich verwundert um, als alles verschwand. Es blieb keine Spur von Mose, keine von Elia und auch die Wolke löste sich in Luft auf. Sie sahen nur noch mich. Oder hatten sie vorher Mose in mir entdeckt? Hatten sie vorher Elia in mir entdeckt? War ihnen klar geworden, dass durch mich mein himmlischer Vater sprach?

Schweigend stiegen wir den Berg wieder hinab. Doch als die Häuser in Sicht kamen, hielt ich die Drei zurück: „Freunde, kein Wort davon zu irgendeinem Menschen. Bewahrt es in eurem Herzen. Erst wenn ihr mich ganz anders wieder seht, wenn ihr etwas mit mir erlebt, das es gar nicht geben kann, dürft ihr auch zu andern von eurem Erlebnis reden."

Simon wollte genau wissen: „Was soll denn so Außergewöhnliches geschehen?"

Ich nickte nachdenklich: „Das heute war ein wunderbarer Höhepunkt. Heute wart ihr ganz nahe am Himmel. Aber der Weg führt nun in die Tiefe, zum tiefsten Punkt."

Jakob reagierte irritiert: "Zum tiefsten Punkt? Ins Tal? Was meinst du damit?"

„Oder wandern wir zum Toten Meer?" sinnierte mein feinsinniger Johannes.

„Stimmt fast: Es kann mich das Leben kosten, was ich jetzt unternehme. Aber ich bin sicher: Mein Himmlischer Vater hat mehr Leben in sich als ich verlieren kann."

Das ließ sie verstummen, denn sie verstanden erst einmal nichts. Sie mussten darüber nachdenken. Ich wusste: Sie mussten noch ungewöhnliche Erfahrungen machen, um alles zu verstehen.

6.5   Wie fließt die Kraft?

Ein paar Tage später fuhren wir bei herrlichem Sonnenschein am späten Morgen mit dem Boot zurück nach Kapernaum. An der Anlegestelle tummelten sich viele Leute. Bei unserem Anblick brachen viele in Jubel aus. Warteten sie auf eine gute Geschichte und spannende Streitgespräche?

Nach der Landung umarmte ich etliche gute Bekannte. Doch während ich noch die Lage sondierte, trat ein wichtiger Mann auf mich zu. Ich erkannte Jaïrus, den Vorsteher der Synagoge. Ich nickte ihm vertraulich zu, aber er näherte sich mir ungewohnt unsicher mit einem seltsamen Ausdruck in den Augen: „Rabbi, meine Tochter stirbt! Komme, hilf ihr! Sie soll doch leben können!" Tränen füllten seine Augen und mein Herz begann zu pochen. Mit einem Kloß im Hals nickte ich. Wir begaben uns auf den Weg zu seinem Haus.

Mit Mühe bahnten wir uns einen Weg durch die dichte Menge. Viele Leute drängten sich an mich mit einer Frage, manche wollten einfach nur mal nahe an dem berühmten Mann sein. Da spürte ich eine seltsame Berührung. Von hinten hatte sich jemand an mich geschoben und hielt mein Manteltuch fest. Ich spürte: Jemand will etwas von mir. Jemand will ganz dringend, ganz drängend etwas von mir. Ich drehte mich um. So viele Leute! Ich hatte keine Ahnung, wer... Doch! Ich sah die Augen der Frau, die vor mir stand. Hoffnung und Angst las ich darin. Angst? Fürchtete sie sich, weil sie einen Mann berührt hatte, noch dazu einen wichtigen Mann?

„Was ist los?" fragte ich. Mit zusammengezogenen Schultern blickte sie mich fast entschuldigend an: „Meister, ich habe eine schlimme Krankheit. Blut verliere ich, viel Blut. Ich habe Angst, dass ich bald sterbe!"

Bald sterben? Sie sah tatsächlich blass aus, dabei war sie noch ziemlich jung mit funkelnd lebhaften Augen, die jetzt von Sorgen getrübt waren.

„Du meinst, ich kann dir helfen?"

„Meister, du hast mir schon geholfen. Du hast mich angeschaut. Du hast mir gezeigt, dass ich es dir wert bin."

Ich strich ihr über den Kopf, nickte kurz und drehte mich wieder um. Schließlich hatte ich ein Ziel.

Der Frau begegnete ich übrigens immer wieder. Sie wohnte in Kapernaum. Schon bei der ersten Begegnung strahlte sie und das Funkeln ihrer Augen war ungetrübt: „Meister, ich spüre nichts mehr von meinem Leiden." Das glaubte ich sofort, denn auch ihr Gesicht hatte wieder eine gesunde Farbe angenommen.

Aber jetzt war ich auf dem Weg zu Jaïrus. Aufgeregt kamen uns Leute entgegen. Einer rief unter Tränen: „Jaïrus, es ist zu spät. Dein Töchterlein ist tot. Jetzt kann dir der Meister auch nicht mehr helfen!"

Jaïrus erbleichte. Sein Gesicht fiel ein. Aber ich drängte ihn vorwärts: „Jaïrus, das will ich selber sehen. Ich glaube nicht daran!"

Als wir uns dem Haus näherten, winkte ich Simon, Johannes und Jakobus. Mit diesen drei wollte ich hinein.

Lautes Klagen scholl uns entgegen. Händeringende Frauen knieten heulende auf dem Boden. Ich bahnte mir einen Weg zu der Liege des Mädchens.

„Lasst das Weinen sein! Sie schläft nur! Und jetzt gehen erst einmal alle hinaus." Mit einer nachdrücklichen Handbewegung scheuchte ich alle fort. Ich wandte mich an meine Freunde und die Eltern: „Ihr fünf bleibt hier!"

Ich beugte mich über das Mädchen. Spürte ich einen leisen Atem an meinen Augen? Ich nahm das Handgelenk. Spürte ich einen schwachen Puls? Sicher war ich mir nicht, aber Hoffnung keimte. Vorsichtig berührte ich ihren Nacken: „Talita kum!" Zuckten die geschlossenen Augen? Nein, ich täuschte mich nicht. Langsam zitterten die Wimpern und die Lider zogen sich auseinander. Ja, zaghaft öffneten sich ihre Augen. Das Mädchen hob den Kopf zögerlich an. Ich griff sie an ihrer Hand. Sie setzte sich auf. Sie stand auf und etwas unsicher machte sie ein paar Schritte.

Ihre Mutter schrie. Ihrem Vater fehlten die Worte. Meine Schüler staunten und ich – ehrlich, ich grinste. Ich war so glücklich, dass ich grinsen musste, von einem Ohr zum anderen. War das nicht wunderbar?!

Das Mädchen war gerade erst zwölf Jahre alt, also voll in den Jahren, wo sie sich zur Frau entwickelte.

Schön, dass sie noch eine Zukunft hatte. Ich würde immer ein besonderes Auge auf sie haben. Sie wurde fast etwas wie eine Tochter für mich in diesen Sekunden zwischen Leben und Tod.

6.6　Der gequälte Junge

Wir standen wieder einmal am Marktplatz von Kapernaum. Die Zuhörer scharten sich eng um mich. Doch schon beim Stichwort „Der Vater wendet sich den Sündern zu" begannen sie auch untereinander zu diskutieren. Aber dann drängte sich einer von hinten direkt zu mir durch: „Meister, mein Kind ist krank. Ich habe ihn hier dabei. Er wirkt völlig unauffällig. Es scheint nichts Schlimmes mit ihm zu sein, und doch…"

„…nichts Schlimmes' und er kam doch zu mir? „Erzähle es mir!"

„Es ist unheimlich! Ein schlimmer Geist haust in ihm. Nein, er schreit nicht, er ist ohne Sprache. Wenn der Geist in ihm tobt, reißt er ihn zu Boden. Wenn er ihn erwischt, knirscht mein Junge mit den Zähnen und schäumt aus dem Mund. Dann liegt er steif im Sand wie ein Baumstämmchen."

„Das klingt sehr heftig!"

„Das ist sehr heftig. Ich habe mit deinen Jüngern gesprochen. Die können doch auch heilen. Aber es brachte nichts."

„Nein, ‚heilen' ist nichts, was von selbst klappt. Bring den Jungen her.

Der Vater stellte sich auf die Zehenspitzen, winkte über die Köpfe und einige Freunde bahnten sich den Weg durch die Menge. Sie schoben einen dünnen, schüchternen Jungen vor mich. Er wirkte wie kurz vor der Pubertät. Der Bub zitterte leicht. Er fühlte sich unwohl, den Blicken der Menge ausgeliefert.

Da merkte ich, dass sich in ihm etwas bewegte. Es ging ganz schnell. Sein Blick änderte sich, wurde starr und suchend. Seine Hände griffen ins Leere und er ging in die Knie. Dann wälzte er sich im Staub, ächzte, Schaum trat vor seinen Mund. Ich erschrak.

Der Vater stöhnte: „Das geht schon so, seit er ein kleines Kind war."

„Der Arme!"

„Ja. Manchmal war es lebensgefährlich: Er stürzte in den Bach und konnte sich nicht bewegen. Oder er fiel in ein Feuer und sprang nicht mehr heraus. Der Geist will ihn töten! Ich habe Angst, mein Kind alleine zu lassen, aber er ist jetzt doch schon groß!"

Ich verstand ihn leider nur zu gut und ein Kloß ballte sich in meinem Hals. Ich wurde traurig und wütend.

„Hab Erbarmen, Meister! Hilf mir!"

„Glaubst du wirklich, ich kann dir helfen?"

„Ja, ich glaube es, Herr! Hilf mir, wo ich zweifle!"

Ich kniete mich zu dem zusammengekrümmten Jungen und streichelte über sein Haar: „Lass alles Böse aus dir verschwinden! Nichts Schlimmes soll mehr in dich kommen!"

Er wand sich wie in Krämpfen und auf einmal schrie er. Dann lag er da wie tot.

„O Gott! Er ist tot! Jesus hat ihn umgebracht!" hörte ich Stimmen aus der Menge.

Ich strich ihm noch einmal über den Kopf. Er atmete nun ganz ruhig. "Komm, steh auf!"

Ich fasste seine Hand. Er setzte sich hin. Dann stand er auf.

Sein Vater hatte entsetzt das „Sterben" seines Kindes beobachtet. Jetzt sah er ihn stehen. „Auferstehen"? War er „geheilt"?

Abends saßen wir bei der Familie zum Essen. Meine Jünger waren mit dabei. Levi nahm mich zur Seite: „Warum hat es bei uns nicht geklappt, aber bei dir?"

„Levi, das ist keine Frage, ob es klappt. Wir arbeiten doch nicht mit Tricks. In einem solchen Fall muss sich etwas in dem Menschen bewegen. Du musst mit deinem Gebet ganz nahe an ihm sein. Du darfst keinen Erfolg wollen. Es ist nicht deine Kraft, die wirkt. Es sind die Kräfte in dem Menschen selbst. Wenn die Kräfte wieder ihre richtigen Wege gehen, kann er normal leben."

Nein, Levi konnte mich nicht so ganz verstehen. Aber es gibt vieles, das ich nicht erklären kann. Ich wusste nur, dass ich kein Zauberer war und dass sich trotzdem bei den Menschen, die sich mir anvertrauten, oft etwas Unglaubliches tat.

6.7 Die Dankbarkeit des Samariters

Auf dem Weg Richtung Jerusalem durchquerten wir das Gebiet der Samariter. In der Nähe eines Dorfes sahen wir in der Ferne zehn Männer, die „Aussätzig!" riefen. Das mussten sie, damit sich niemand ansteckte. Niemand durfte ihnen nahekommen oder gar berühren, sonst wäre er des Todes. Aber sie konnten rufen, ohne uns zu gefährden: „Jesus! Rabbi! Erbarme dich unser!"

Ihre Situation rührte mich: Vom Leben abgeschnitten, ohne Zukunft, von Gott verlassen, ohne Hoffnung!

Ich ging ein Stück auf sie zu und schaute sie an. Ihre Augen wirkten leer. Es glomm etwas Hoffnung auf, als ich mich näherte. Sie hoben die Arme auf Brusthöhe, um ihre Bitte zu bekräftigen. Ich schaute sie genauer an: Ihnen konnte geholfen werden.

Kurz zuvor hatten wir ein Wadi überquert, das Wasser führte. Es floss hinunter zum Jordan. Ich deutete in die Richtung des Baches: „Geht hinunter und wascht euch. Dann zieht frische Kleidung an und geht nach Jerusalem zum Tempel. Zeigt euch den Priestern!" Sie blickten sich gegenseitig an. Was sollte das werden? Aber darf man in einer hoffnungslosen Situation einen Strohhalm verachten? Sie machten sich auf den Weg.

Ich hätte wohl nie wieder etwas von ihnen gehört, wenn ich nicht ebenfalls auf dem Weg nach Jerusalem gewesen wäre. Ich war in Jericho, als mir einer der Aussätzigen begegnete. Er kam auf mich zu, ohne Scheu, mich anzustecken. Er trug gute Kleidung und fiel vor mir auf die Knie: „Rabbi! Ich danke Gott für dich! Du hast mich heil gemacht." Ich fasste ihn an der Hand und zog ihn hoch. Er blickte mich an und sagte: „Ich habe dich gesucht! Dein Name wird überall genannt. So konnte ich dich hier in der Stadt der Palmen finden. Ich danke dir! Ich verdanke dir mein Leben!"

Ich schaute mich um und fragte meine Jünger: „Waren es nicht zehn Männer, die uns begegneten? Wo sind die neun anderen?" Ich nickte: „Dankbarkeit ist nicht jedem gegeben. Aber gerade dieser Samariter, der gar nicht zu uns gehört, preist die Ehre des Herrn!" Ich schaute ihn an: „Du bist nicht nur gesund, du bist heil. Dein Glaube hat dir geholfen!"

Ob er mich verstand, weiß ich nicht.

6.8 Kinder und Gott

Wir waren am Jordan entlang gewandert. Jetzt kam ich in die Gegend, in der ich Johannes begegnet war. Nur noch einige Wegstunden bis zum Toten Meer. Dort wusste ich von Gruppen, die streng nach den Biblischen Schriften lebten. Sie hatten sich abgesondert. Aber ihr Weg war nicht mein Weg. Und mein Weg würde nicht ihr Weg sein. Doch hier kreuzten sich die Wege vor drei Jahren, als ich Johannes begegnete.

Wir näherten uns der Stelle, wo ich getauft wurde.

Viel war passiert. König Herodes mit seiner erfolgshungrigen, skrupellosen Frau Herodias hatte Johannes ermordet und auch für mich war alles anders geworden. Mein Weg, mein Ziel kristallisierte sich heraus.

Die Erwartungen, die die Menschen an mich herantrugen, hatten sich seit dem Aufbruch in Galiläa nicht geändert. In einem kleinen Städtchen predigte und diskutierte ich gerade, als Menschen kamen und mich baten, ich möge den Segen über ihre Kinder sprechen. Wenn ich ihnen die Hände auflegte, würden sie die befreiende Kraft des Herrn empfangen.

Meine Jünger zeigten sich kampfbereit. Mit so etwas sollte ihr Herr nicht belästigt werden. Kinder?! Das wäre ja noch schöner!

Kinder? Nicht zu mir? Aufgebracht fauchte ich: „Jetzt lasst die Kinder zu mir kommen! Weshalb sollte ihnen der Segen des Herrn verweigert werden? Gerade sie sind doch nahe an Gott. Sie konnten noch gar nicht viele Mauern zwischen ihm und sich aufbauen. Schaut mal, wie arglos so ein Kind zu mir kommt. Wieviel Vertrauen ist in seinen Augen! Wie wenig Vorsicht spürt ihr! Nur so kommst du Gott überhaupt nahe."

Ich holte ein Kind zu mir und drückte es. Was für ein unbefangenes Vertrauen, welche Nähe. Ich blickte in seine schwarzen Augen. Mit ihm müsste ich nicht diskutieren. Es wusste, dass ich ihn mochte. Es spürte es, obwohl er mich nicht kannte.

„Was glaubt ihr, was der berühmte ‚Glaube' ist? Heißt ‚Glaube' nicht ‚Vertrauen'? Wer vertraut argloser als ein Kind?! Wenn ihr nicht so direkt seid wie Kinder, bekommt ihr den Zugang zum Herrn nicht."

Meine eigenen Worte verwunderten mich. So klar hatte ich es noch nie formuliert. Was hatten diese Kinder in mir ausgelöst?!

Ich legte ihnen die Hände auf. Ich sprach den Segen über sie. Ich wünschte mir, ich würde das kindliche Vertrauen in meinen himmlischen Vater behalten. Aber ich wusste, auf welchem Weg ich war. Jerusalem! Die Mächtigen! Die Römer! Der Hohe Rat! Das könnte schwer werden! Das könnte gefährlich werden! Meine Zukunft bestand mehr aus Ausrufezeichen denn aus Fragezeichen.

6.9   Der reiche junge Mann

Ich kenne das verschwindende Vertrauen von Erwachsenen auch aus einer frustrierenden Begegnung. Auf meinem Weg nach Jerusalem, wo das Komplott von Reichtum und Macht auf mich wartete, kam ein junger Mann auf mich zu. Er grüßte mich ehrerbietig.

„Shalom, Rabbi! Du musst mir raten. Ich versuche, auf dem guten Weg Gottes zu gehen. Doch kann ich mir damit das ewige Leben sichern? Was rätst du mir?" Ich schaute ihn mir an. Er wirkte aufrichtig, war gepflegt und gut gekleidet. Ich traute ihm zu, dass er sich wirklich bemühte und begann mit dem Naheliegenden: „Du kennst die Gebote!" Der junge Mann nickte: „Ich halte mich an die Gebote: Ich verehre Gott und sonst keinen, ich töte nicht, breche nicht die Ehe, stehle nicht, verleumde niemanden, ehre meine Eltern. Aber irgendwie reicht das nicht!"

Der Junge war mir sympathisch. Der machte sich nichts vor. So konnte ich ihm sehr direkt kommen: „Das klingt überzeugend. Aber du kannst es noch ergänzen. Du kannst noch zeigen, dass du wirklich nur Gott verehrst: Verkaufe alles, was du hast und gib es den Armen. Wenn du dich auf dieser Erde auf nichts mehr verlassen kannst, sondern nur noch auf Gott verlässt, dann hast du einen unvergänglichen Schatz im Himmel."

Oje, wie fiel da sein Gesicht zusammen. Damit hatte er nicht gerechnet. Er schüttelte den Kopf, als hätte ich verlangt, er solle einen Berg hochstemmen und ins Meer werfen. Er ging weg. Seine Kleidung wies ihn als reichen Mann aus. Ein reicher, junger, unglücklicher Mensch.

Nicht nur er war traurig, auch ich. Ich wandte mich an meine Jünger: „Seht ihr, wie schwer es für Reiche ist, ins Reich Gottes zu kommen?" Meine Schüler waren schockiert. Vielleicht träumten sie von großem Reichtum. Oder träumten sie davon, dass ich der neue König in Jerusalem würde und sie wären als Minister gemachte Leute? Ich traute ihnen solche Träume zu.

Ich wurde deutlicher: „Kinder, es ist schwer, ins Reich Gottes zu kommen, wenn das Herz an irdischen Gütern hängt. Leichter kommt ein Kamel durchs Nadelöhr als ein Reicher ins Reich Gottes." Sie blickten mich fragend an, denn ein Kamel kommt überhaupt nicht durch ein Nadelöhr.

Ich lachte: „Wir gehen nach Jericho. Dort gibt es am großen Stadttor noch ein kleines Tor, durch das die Leute bei Nacht hineinkommen. Es wird Nadelöhr genannt und es ist so klein, dass man mit Kamelen nicht hineinkommt. Es dient der Sicherheit. Vielleicht könnte man ein Kamel ganz klein zusammenfalten und dann hindurch schieben. Aber es müsste schon ganz klein werden. Und ein Reicher müsste ganz, ganz demütig sein. Aber was hier bei uns Menschen unmöglich scheint, ist bei Gott möglich."

Ich musste meine Jünger an etwas erinnern, das ich ihnen schon in Galiläa gesagt hatte: „Verkauft, was ihr habt und gebt den Armen ab. Näht euch Beutel, die nicht brüchig werden. Erwerbt euch einen Schatz im Himmel. Den Schatz, der bei Gott ist, kann kein Dieb stehlen und keine Motte kann ihn fressen."

6.10 Scheidung?

Wo wir hinkamen, schaukelten sich die Diskussionen hoch. Überall gab es die ganz Gesetzestreuen, die eifrig diskutierten, als ginge es um Leben und Tod und sie müssten unbedingt Recht behalten. Manche wollten mir demonstrieren, dass ich nicht wirklich auf der Grundlage der mosaischen Gebote stand.

Einer warf mir ein heikles Thema auf den Tisch: „Meister, wie ist das denn mit der Scheidung. Wir streiten uns darüber. Sprich doch mal ein klares Wort."

Ein klares Wort? „Was steht den in den Geboten? Dort ist das Leben doch geregelt!" Innerlich fügte ich noch ein „oder?" ein, denn diese äußerlichen Regeln erfassen nie den Kern.

Sie zeigten sich als informierte Schriftkenner: „Mose hat erlaubt, dass ein Mann einen Scheidebrief schreiben kann und sich scheiden lässt."

Mich ärgerte die Doppelmoral, die sich hier zeigte. Wahrscheinlich ging es ihnen überhaupt nicht um eine konkrete Beziehung, sondern um Rechthaberei, um Besserwisserei. Mit solchen Diskussionen konnten sich ganze Generationen beschäftigen. Sie erschöpften sich im Selbstzweck.

Ich stöhnte: „Ja, die Sache mit dem Scheidebrief! Das hat Mose wohl nur zugelassen, weil euer Herz so kalt ist. Wenn zwei zusammen kommen und verschmelzen, wie sollen sie wieder getrennt werden?"

Ich schaute mich um. Die Antwort befriedigte sie nicht. So steuerte ich auf das Zentrale hin: „Wenn zwei zusammen kommen, um ein gemeinsames Leben zu führen, dann wächst da etwas zusammen. Da geht es um Verlässlichkeit. Wenn einer diese Verlässlichkeit zerbricht, gibt es viele Scherben. Die meisten Scherben gibt es in der Seele. Auf beiden Seiten: Sie haben sich aufeinander eingelassen und nun... Was soll denn ein Mann von sich halten, wenn sich seine Frau nicht auf ihn verlassen kann? Wie steht denn eine Frau da, wenn sie ihren Mann hintergeht?"

Hatte ich ihnen eine Lösung geboten? Nein, das war keine Lösung. Lebenswege lassen sich nicht in Gesetze pressen. Aber Gesetze sollen schützen können. In meiner Welt mussten vor allem die Frauen geschützt werden, wenn es um die Ehe ging. In anderen Bereichen mussten auch Männer geschützt werden. Es müssen die Schwachen geschützt werden. Das ist Gottes Willen und dafür müssen wir Wege finden.

Ich schaute mich in der Runde um: „Schuld, meine Lieben, wird bleiben. Ihr kommt durch das Leben nicht ohne Schuld. Aber ihr könnt schauen, dass ihr mit den Verletzungen verantwortungsvoll umgeht."

6.11 Zachäus in Jericho

Auf dem Weg nach Jerusalem kam ich durch die wunderbare Palmenstadt Jericho. Man erwartete mich schon. Offenbar hatte sich meine Ankunft herumgesprochen. Ich zog also in die Stadt ein und die Leute jubelten mir zu. Ein seltsames Gefühl.

Da sah ich ihn, den kleinen Mann, der sich immer wieder aufplusterte... Er hatte das Problem aller kleinwüchsigen Leute: Vor ihm bauten sich die größeren auf und er konnte nichts sehen. Kinder dürfen sich vordrängen, aber kleinen Leute wird dann einfach gesagt: Wärst du doch früher gekommen...

Bei ihm kam noch dazu, dass ihn viele Leute kannten und nicht mochten. Das war ihnen auch nicht zu verdenken, denn Zachäus, so hieß der Mann, hatte schon viele übers Ohr gehauen, sie betrogen oder einfach genötigt. Er arbeitete am Zoll. Wie wir von anderen Zöllner wissen, ist die Versuchung groß, sich ein Bakschisch dazu zu verdienen. Er war aber nicht einfach nur ein Zöllner. Er war der Chef. Chef im Finanzbereich? Das war noch nie ein Job für anständige Menschen.

Er wollte mich aber unbedingt sehen. Klar, wenn Leute, die Tagesgespräch waren, sich sehen ließen, da wollte man dabei sein. Das gab noch wochenlang Gesprächsstoff. Und außerdem: Vielleicht konnte man etwas Überraschendes miterleben und hinterher sagen: Ja, ich war auch dabei.

Dumm nur, dass er zu spät kam und vor sich nur Rücken erblickte. Abgeschnitten vom Fokus der Ereignisse. Aber da erinnerte er sich an seine Jugend. Ja, selbst wenn er sich blamieren sollte: Früher kletterte er einfach auf einen Baum.

Zachäus schaute sich um: An der Kreuzung stand ein Maulbeerbaum. Das passte. Die ersten Zweige waren relativ weit unten, der Stamm war leicht geneigt, er konnte schnell zwei Meter hoch steigen und das reichte. Nicht, dass er der einzige gewesen wäre. Ein paar Jugendliche hingen schon oben rum und sahen ihn verschwörerisch ablehnend an. Jetzt galt es, eine gute Position einzunehmen. Das klappte.

Gut, dass er sich überwunden hatte. Er konnte von dort aus weit blicken und hinten in der Straße meine Jünger und zwischen ihnen den berühmten „Rabbi".

Das „Bad in der Menge" gefiel mir durchaus. Ich hatte das Gefühl, wirklich auf der Erde „angekommen" zu sein. Als ich mich dem Maulbeerbaum näherte, fiel mein Blick eher zufällig auf die Zuschauer, die es sich auf den Ästen eingerichtet hatten. In meiner Nähe rief einer: „Du meine Güte, da oben hockt der Zachäus. Dass der sich nicht schämt, sich beim ‚Rabbi' sehen zu lassen. Der sollte sich lieber verkriechen, dieser Betrüger!"

Ich hörte dies sehr gut und spürte einen Schmerz in meinem Herz: Der da oben musste sich jetzt schlecht fühlen. Wer lässt sich schon gerne zu Recht einen Betrüger schimpfen? Ich winkte zu dem Mann zwischen den Zweigen: „Zachäus!" Er schaute verwundert nach rechts und links, schien aber der einzige Zachäus zu sein. Ungläubig und fragend deutete der kleine Mann auf sich. Die Leute lachten, denn das konnte nur ein Missverständnis sein. Doch ich rief deutlich: „Zachäus, ich meine dich. Steig herunter vom Baum und geh nach Hause. Du musst ein Essen vorbereiten. Heute Abend komme ich zu dir!"

Normalerweise lade ich mich nicht ein. Aber hier machte ich es wie einer der alten Propheten, etwa Ezechiel: Ich handelte. An meiner Handlung sollte jeder erkennen, was ich meinte.

Das klappte. Zachäus rutschte vom Baum, eilte nach Hause und bereitete ein phantastisches Essen vor. Er konnte es sich leisten und fühlte sich mehr als geehrt, mich als Gast beherbergen zu dürfen.

Andere aber murrten: „Da hätte er sich einen besseren Gastgeber aussuchen können. Er sollte es nicht übertreiben mit seiner Vorliebe für die Sünder." Ich wusste, ich musste darauf reagieren. Aber erstmal stand Zachäus in meinem Fokus.

Standesgemäß vollbrachte ich ein Wunder. Er hatte Steine auf den Tisch gelegt und Wasser eingeschenkt. Ich hielt meine Hände über die Steine: Sie verwandelten sich in köstliches Brot. Ich hielt meine Hände über das Wasser: Es verwandelte sich in einen Spitzenwein.

Nein, Unsinn. Das echte Wunder ereignete sich in Zachäus Herz. Er sagte so, dass es die anderen hören und bezeugen konnten: „Herr, bei mir, einem Betrüger, bist du eingekehrt. Ich ändere mich: Ich teile meinen Besitz zur Hälfte mit den Armen. Und wen ich betrog, gebe ich es mit Zinsen zurück."

Ich lächelte: „Das tut uns allen gut. Das tut unserer Gemeinschaft gut. Denn du bist wieder in die Gemeinschaft zurückgekehrt." Dann wandte ich mich an alle, die mich sehen und hören konnten: „Der Menschensohn ist gekommen, um die zu suchen und die selig zu machen, die verloren sind!" Ich glaube ich wurde ganz gut verstanden, auch wenn sich manche fragten: Was meint er mit Menschensohn?

Einige überlegten: „Er spricht von sich selbst und will ganz bescheiden sagen, dass er auch nur ein Mensch ist." Andere schüttelten den Kopf: „Nein, vom Menschensohn reden die Propheten. Der Menschensohn wird das endgültige Gericht über die Menschen abhalten." Da schüttelten noch andere den Kopf: „Er hat doch sich selbst gemeint. Mit dem Jüngsten Gericht hat dieser Rabbi nichts zu tun." Da gab es wochenlang etwas zu diskutieren.

6.12 Die anvertraute Wahrheit

Aber ich blieb keine Wochen in der Palmenstadt. Noch vor dem Ende der Diskussionen begab ich mich auf den gefährlichen Weg durchs Gebirge Richtung Jerusalem, Richtung Palast, Richtung Tempel.

„Es geht nach Jerusalem!"

In die Schar meiner Anhänger kam Unruhe, Ungeduld. Aus ihren Unterhaltungen klang der Grund dafür heraus: „Wenn Jesus jetzt nach Jerusalem kommt, ist es soweit. Da richtet er das Reich Gottes auf!"

Ich musste sie bremsen. Ihre Hoffnungen zerbrächen an der Realität. Vor meinen Jüngern lag eine Zeit, wo sie auf sich alleine gestellt waren. Ihr Weg würde schwer, wenn der Träger ihrer Hoffnungen nicht den Weg mit ihnen zusammen ging.

Also erzählte ich ihnen eine Geschichte.

„Ein König verließ sein Reich, um ein weiteres zu erobern. Für die Zeit seiner Abwesenheit brauchte er gute

Verwalter. Er rief zehn fähige Männer zu sich. Jedem verlieh er die Verfügung über ein Zehntel des Vermögens. Damit sollten sie arbeiten, bis er zurückkäme.

Die Eroberungen des Königs dauerten Jahre. Dann erst kehrte er zurück. Nun kam der Tag der Offenlegung. Er ließ die zehn Männer zu sich kommen. Jeder legte Rechenschaft ab über das, was er erwirtschaftet hatte.

Die ersten zeigten sich recht erfolgreich. Sie hatten noch einmal ein Drittel dazu erworben, manche gar die Hälfte mehr als vorher, bei wenigen hatte es sich verdoppelt.

Dem Erfolgreichsten verlieh er die Verwaltung über das halbe Reich. Auch die anderen erhielten einflussreiche Posten. Aber einige wussten, weshalb sie sich hinten eingereiht hatten. Sie konnten kaum Gewinne vorweisen. Am härtesten lief es bei dem Mann, der sich am Schluss herein drückte: „Herr", sagte er: „ich habe alles treu bewahrt, was du mir gegeben hast. Ich bin kein Risiko eingegangen, ich habe es gut versteckt und nichts verloren. Hier hast du alles auf Heller und Pfennig!"

Der König geriet in Ärger: „Ich habe dir das Geld anvertraut, damit du etwas daraus machst. Du hast aber nicht einmal Zinsen erworben. Dich sollte man in die Gosse werfen!"

So geschah es. Wer etwas angefangen hatte mit seinen Gaben, dem erwuchs ein Gewinn daraus. Wer aber seine Gaben hatte brachliegen lassen, der verlor auch noch das, was er hatte."

Dann schaute ich jeden einzeln an: „Ich freue mich über deine Begeisterung. Aber jetzt brauchst du einen langen Atem. Die Begeisterung muss halten, auch wenn ich nicht da bin, nicht mehr da bin. Ich habe euch den HERRn verständlicher gemacht. Was ihr von mir gelernt habt, das müsst ihr jetzt umsetzen. Ihr seid erwachsen, auch im Glauben!"

Ich erwartete nicht, dass sie mich verstanden, aber diese Geschichte sollte sich einprägen und ihnen später helfen, sich zu orientieren – nach dem Schock, dass ich doch noch nicht das Reich Gottes errichtet hatte.

6.13 Bartimäus

Wir pilgerten also zum Haus des Herrn. „Unsern Ausgang segne Gott, unsern Eingang gleichermaßen!" dachte ich beim Ausgang von Jericho. Meine Gedanken wanderten den Weg durchs Gebirge hoch zum Stadttor von Jerusalem.

Viele Leute begleiteten mich ein Stück des Weges. In der Nähe des Tores mit dem „Nadelöhr" hörte ich eine Stimme. Durch das Gemurmel der Masse drang es nur schwach. Aber mein Name wurde nicht nur gemurmelt: Da rief jemand nach mir.

Mit einer Handbewegung wischte ich die Gespräche um mich herum weg, hielt die Hand ans Ohr und lauschte. Die anderen lauschten auch.

Jetzt hörte ich es ganz deutlich: „Sei ruhig!" „Stör den Meister nicht!" „Du Krüppel wirst doch nicht den Rabbi behelligen!" „Dreckiger Bettler! Belästige nicht diesen großen Mann!"

Aber die Stimme schwoll schrill an: „Jesus von Nazareth, du Sohn Davids, erbarme dich meiner!"

Was wollte der Mann in der Ferne? Ich konnte es mir denken. Es war doch immer dasselbe. Und es war immer so verständlich, so nachvollziehbar, so natürlich.

„Bringt den Mann her!" befahl ich.

Der Befehl wurde weiter gegeben: „Holt ihn her!" „Lasst ihn kommen!"

„Wer ist das überhaupt?" fragten die Leute in meiner Umgebung. Ich wusste es natürlich: Wenn einer so ruft, ist er einfach ein armes Schwein und ich muss sehen, ob ich was tun kann.

Es bildete sich eine Gasse und der Gelähmte rannte auf mich zu.

Nein, so war es nicht. So stelle ich mir aber die seltsamen Geschichten vor, die über mich erzählt werden. Tatsächlich kam ein Mann und tatsächlich wurde eine schmale Gasse gebildet, damit er durch kam. Er schien sich zu tasten. Er lief wohl nach Gehör. Es hielt sich auch jemand an seiner Seite und könnte ihm notfalls beistehen. Ein Freund oder Verwandter begleitete ihn offenbar.

„Was willst du?" fragte ich ihn, als er tief atmend vor mir stand. Er wandte mir sein Gesicht zu. Ich sah seine blinden Augen.

„Was willst du von mir?" fragte ich.

„Vergib mir meine Sünden!" hätte er zu Johannes gesagt oder zu manchen Predigern. Aber er hatte keine Kraft, diplomatisch zu sein. Jetzt war der wichtige Augenblick, jetzt brach es aus ihm heraus: „Rabbi, ich will wieder sehen können!" Was für ein verwegener Wunsch! Was für ein verständliches Ansinnen!

‚Wieder?' Er hatte wohl schon sehen können. Was hatte ihn erblinden lassen? Was hatte ihn zum Bettler gemacht? Manche Leute würden es gar als „Strafe Gottes" erklären.

Ich schaute ihn nur an: „Was für ein Vertrauen hast du in mich! Dass du so stark vertrauen kannst, das wird alles ändern. Mit diesem Vertrauen siehst du auch auf meinen Weg."

Die Gesichtszüge von Bartimäus veränderten sich. Sie drückten Unglauben aus. Oder besser: ungläubiges Erstaunen. Hatte er gerade noch an mich geglaubt, konnte er jetzt nicht glauben, was er erlebte. Irgendetwas öffnete ihm die Augen. Irgendetwas hob die Verdunkelung auf.

Es war wirklich so, dass er meinen Weg sehen konnte und mich begleitete bis nach Jerusalem: „Ich hebe meine Augen auf zu Bergen. Woher kommt mir Hilfe...?" Diesen Psalm betete er unterwegs mit uns. Wir stimmten ihn öfters an. Es war das Lied der Pilger auf dem Weg zum Tempel des Herrn. Im Tempel war Bartimäus am richtigen Ort, Gott, der Kraft des Lebens zu danken.

6.14 Macht!

Meine Jünger hielten viel von mir. Für sie verkörperte ich den Propheten, die Stimme Gottes in der Gegenwart, für sie verfügte ich über heilende Kräfte vom Himmel, für sie beschritt ich als Königsprätendent den Weg Herrschaft über Israel, wie auf einem imaginären roten Teppich, der zum Thron Davids führte.

Durch und durch menschlich phantasierten sie, was dies für sie selbst bedeutete. Ich belauschte ein Gespräch: „Wie schätzt Jesus uns wohl ein?" „Ist vielleicht Simon bei ihm der Wichtigste?" „Er bevorzugt doch immer den Johannes?"

Erwartete Petrus eine Sonderbehandlung? „Was bringt es, dass wir alles aufgegeben haben und dir gefolgt sind?"

„Petrus, was willst du?! Das Ende aller Zeiten ist nahe. Nichts bleibt wie es war. Und ich soll dich als Günstling behandeln?"

Wir marschierten durchs Gebirge hinauf nach Jerusalem. Dort erwarteten uns der Tempel und der Palast. Meine Freunde fabulierten vom neuen König auf Davids Thron. Der neue König sollte ich sein.

Jakobus und Johannes nahmen mich beiseite. Ich schätzte ihre Kraft und nannte sie „Donnersöhne".

„Meister! Wir haben ein Anliegen."

Das sah ich ihnen an. „Und, was wollt ihr?"

Der wortgewandte Jakobus schaute Johannes an. „Bald erreichen wir Jerusalem. Wir wissen, du bist der Messias, der Sohn Davids. Du wirst der neue König von Israel. Welche Rolle spielen wir dann? Wir sind Männer der ersten Stunde. Gib uns eine große Aufgabe, einen Posten in der Regierung, als deine rechte Hand!"

Klarer konnten sie nicht sein. Dafür war ich dankbar. Wenn ich eine Regierung gewollt hätte, wäre Jakobus prädestiniert gewesen, etwa als Regierungssprecher. Aber seine Vorstellungen passten nicht zu meinem Weg.

„Jakobus, Sohn des Zebedäus! Du hast keine Ahnung, worum du bittest. Wir gehen keinen glorreichen Weg. Du wirst mich nicht als prächtigen König im Palast erleben. Ich bin, mit den Worten des Propheten Jesaja, der Knecht Gottes. Kannst du meinen Weg des Gottesknechtes mitgehen? Kannst du den Kelch der Schmerzen trinken, den ich trinke? Könnt ihr mit der Taufe des Blutes getauft werden, mit der ich getauft werde?"

„Ja, Meister, das kann ich, das können wir!" In ihren Augen leuchtete Entschlossenheit, die Entschlossenheit des tapferen Soldaten vor dem Kampf.

Aber ich würde keinen Krieg führen. Ich brauchte keine tapferen Soldaten. Ich wollte nicht Unrecht mit Unrecht bekämpfen und nicht Böses mit Bösem. Ich trug die Botschaft der Liebe in mir.

Ich lächelte. Merkten sie, dass ein Schmerz in diesem Lächeln lag? „Ja, ihr werdet den Kelch trinken, den ich trinke und die Taufe erleben, mit der ich getauft werde. Euer Blut wird vergossen. Ihr werdet umgebracht werden, weil ihr euch zu mir haltet."

Sie schauten mich irritiert an. Doch offenbar bewegten sich ihre Phantasien auf einem Schlachtfeld, auf dem es einen großen Sieger geben könnte.

„Nein, ihr beiden! Zu meiner Rechten und zu meiner Linken werdet ihr nicht sitzen können. Das Reich Gottes wird eine andere Welt sein. Dort spielen Menschen keine Herrschaftsrollen mehr. Der Menschensohn wird Recht sprechen, Recht schaffen, alles richten, damit Gottes Reich menschlich wird, in einem guten Sinne menschlich."

Hatten sie mich verstanden? Ahnten sie, dass sich der „Menschensohn" des Propheten Ezechiel in mir verbarg? Ordneten sie mich dem „Menschensohn" des Propheten Daniel zu?

Die anderen näherten sich unserer kleinen Gruppe. Misstrauische Blicke trafen uns: „Was wollt ihr zwei beim Herrn? Wollt ihr euch beim Meister einschleimen? Wir sind genauso gut wie ihr. Wenn ihr eine Sonderstellung bekommt, dann gebührt sie auch uns!"

Ich blickte in die Runde zu den Männern, die ich von ihren Fischerbooten am See Genezareth weggeschleppt hatte, von ihrer Zollstation, vom Acker des Vaters, aus dem Kreis der Anhänger des Johannes, von einer Gruppe von Freiheitskämpfern. Meine Stimme bekam einen sarkastischen Unterton, als ich meine zentrale Botschaft losließ: „Meine lieben Freunde, ihr begleitet mich und habt die heimliche Hoffnung, dass ich der neue König in Jerusalem werden. Ihr sehnt euch nach Anerkennung, nach Einfluss. Schaut lieber auf mich, wie ich lebe. Seht ihr einen Herrscher? Ich lebe nicht wie ein künftiger König und ich werde auch nicht enden wie ein großer König. In Jerusalem diene ich den Mächtigen als Opfer. Merkt euch: Der Menschensohn ist nicht gekommen, um sich dienen zu lassen, sondern dass er dient! Ich bin für Menschen da, nicht umgekehrt. Wir gehen nach Jerusalem und es kann kommen, dass ich mit meinem Leben diene, meine Leben gebe dafür, dass man sehen kann, was die Wahrheit und die Liebe Gottes bereit ist, zu geben!"

Wie sie mich nervten, meine Schüler! Hatten sie nichts gelernt? Eine neue Herrschaft von Menschen würde nichts besser machen. Wenn in den Schriften stand, bei der Schöpfung sei alles sehr gut gewesen, dann muss man die Menschen ausnehmen. Die Menschen sind das Kuckucksei der guten Schöpfung. Aber das zu verkünden konnte ich noch bis zum letzten Gericht warten.

6.15 Das Reich Gottes

Meine Jünger redeten viel vom Reich Gottes. Das verband sie mit anderen frommen Juden, besonders den Pharisäern. „Wann kommt es denn endlich, das Reich Gottes?" fragte ein Pharisäer, als wir Richtung Jerusalem wanderten.

„Genau!", unterstützte ihn ein anderer: „Wie erkennen wir, dass der Messias da ist? Woran erkennen wir das Reich Gottes?"

Ich schüttelte den Kopf: „Ihr habt völlig falsche Vorstellungen. Das Reich Gottes kommt doch nicht mit Standarten wie die Römer. Es wird nicht mit Grenztürmen bewacht. Es gibt keine äußeren Zeichen wie bei einem mächtigen Staat. Ihr könnt nicht einmal sagen: Schau, hier ist es. Oder hinüber deuten: Dort ist es. Ich sage euch, was ich schon von Anfang an sage: Das Reich Gottes ist mitten unter euch!"

Selbst meine Jünger begriffen das nicht. Sie spürten zwar meine Nähe und damit Gottes Nähe, aber dass dies schon die Gegenwart des Reiches Gottes war, dass sie mit mir im Herrschaftsbereich Gottes waren, das verstanden sie einfach nicht.

Auf unserem langen, holprigen Weg durch die Berge hinauf in die Stadt des Tempels und des Palastes merkte ich, dass ich nicht völlig anders tickte wie sie. Mich empörte das Herrschaftsgebaren der Mächtigen. Schon in Galiläa gab es den reichen Bauern, der seine

Tagelöhner ausbeutete. Dort gab es die Frauen, die ihren Körper verkauften, um von etwas leben zu können. Mich widerten ihre Freier an, die sich für etwas Besseres hielten und doch schlechter waren, weil sie an den ungerechten Zuständen nichts änderten, sondern sie ausnutzten. Auch bei uns betrieben mächtige Ortsvorsteher ihre Geschäfte mit Bestechung und brachten andere in den Ruin. In Jerusalem ließ der Stellvertreter des römischen Kaisers die Steuerzahler bluten und war nicht zimperlich, seinen Forderungen durch seine Soldaten mit Gewalt Nachdruck zu verleihen. Mir ballte sich die Faust im Gewand, wenn ich erlebte, dass Soldaten ihre traditionelle Straflosigkeit ausnutzten. Sie mussten nur darauf achten, dass ihre Opfer zu den Schwachen gehörten. Zu welchem Abschaum musste man gehören, wenn man nicht zu seinen Untaten stand, weil man sich darauf berufen konnte, auf „Befehle" zu handeln. Oder: „Wenn ich es nicht gemacht hätte, hätte es ein anderer gemacht." Wie es mir im Bauch grimmte, wenn ich beobachtete, dass ein Kind zur Armut verurteilt ist, weil die Eltern arm sind. Warum konnten nicht alle Kinder vergleichbare Startchancen haben. Dafür musste doch jemand sorgen!

Dafür musste doch jemand sorgen! Ja, wie gerne wäre ich das. Ich könnte König werden. Ein König, der in seinem Reich für Gerechtigkeit sorgt. Ein König, der stark genug ist, den Frieden zu erzwingen und versöhnlich genug, den Frieden zu bewahren. Ein König, der seine Herrschaft dazu verwendete, den Rahmen zu schaffen und zu halten, in dem sich die Freiheit der Menschen verwirklichen ließ. Zu diesem König, zu seinem Palast, zu seiner Stadt, in sein Land würden Leute aus aller Welt kommen, weil sie merkten: Hier vollendet sich die Bestimmung der Menschheit. Hier herrscht Gerechtigkeit, Frieden und Freiheit!

Solche Träume bewegten mich auf meinem Weg in die Hauptstadt. Die Massen stünden hinter mir und Gott wäre auf meiner Seite.

7 Stadt Gottes, Davids und der Römer

7.1 Der Weg in das Zentrum der Macht

„Unsern Ausgang segne Gott!
Unsern Eingang gleichermaßen."
Oben auf dem Berg lag sie, die große Stadt. Da mussten die Feinde erst einmal hinkommen. So war sie gut durch die Jahrhunderte gekommen. Als wir in unseren friedlichen Zeiten uns der „Stadt Davids" näherten, beeindruckten uns die mächtigen Mauern. Die Stadt stand sicher gegründet. Die Stadt war wehrhaft: Jerusalem, auf den Zion gebaut.

Viele Menschen bevölkerten den Weg. Das gehörte zu einer Hauptstadt: Man kam, um zu handeln, zu kaufen oder Behördengänge zu erledigen und man ging, mehr oder minder erfolgreich. Manche steuerten das besondere Zentrum dieser Stadt an: den Tempel Jahwes. Dort wollte ich auch hin. In gewisser Weise war dies mein inneres Zuhause. In gewisser Weise! Denn gerade die sichtbaren Gebäude wurden oft von ganz ungeistlichen Menschen beherrscht. Das wusste ich. Da könnte ich mein blaues Wunder erleben, hatte man mir erzählt. Und für Wunder war ich zuständig, oder?

Als ich die Mauern erblickte, das große Tor mit der belebten Straße, die wehrhaften Türme, wurde mir mulmig. Ich wusste genügend über die sehr wechselhafte Vergangenheit dieser beeindruckenden Stadt. Von prächtigen Zeiten erzählte man sich, als der König David sie eroberte, als sein Privateigentum betrachtete und sie auf diesem Hintergrund zur Hauptstadt für Israel erklärte. Von hier aus errichtete er ein Königreich, das sein Sohn Salomo erfolgreich ausbaute. Aber in der ganzen tausendjährigen Geschichte Israels existierte dieses glorreiche Reich nie mehr auch nur annähernd wieder. Musste ich daran erinnern, dass David den Tempel Jahwes nicht bauen durfte, weil Blut an seinen Händen klebte? Das konnte nicht der historische Grund sein. Welcher Herrscher ließe sich einen prunkvollen Bau mit solchen Skrupeln verbieten? Aber die Interpretation sprach mich an. Da steckte eine gute Wahrheit über meinen Vater drin.

Mächtige Feinde hatten die Stadt angegriffen, erobert und zerstört, etwa die Babylonier. Da die Assyrern während der Belagerung unerwartet wieder abzogen, hielt man die Stadt für uneinnehmbar und behauptete: „Weil der Tempel Jahwes dort steht, wird unser Gott nicht zulassen, dass die Stadt erobert wird." Was für ein Unsinn! Das sagten ihnen auch die wahren Propheten Jahwes, die, die nicht schleimten. Das rief ihnen Jeremia zu. Und es zeigten ihnen die Babylonier.

Nach der Rückkehr aus der Zwangsumsiedlung nach Babylonien baute man die „Davidsstadt" wieder auf und füllte sie mit Leben, aber... Schon lange war unser Land kein freies Land mehr. Jetzt beherrschten es die Römer als eine ihrer vielen Provinzen. Den Leuten, die in Jerusalem ein und aus gingen, bekam diese Herrschaft. Wirtschaftlich ging es Israel, ging es Jerusalem gut. Aber ich wusste: Viele erwarteten einen, der die Fremdherrschaft beendete, der einen Schlussstrich zog, der dem Land zur Selbstständigkeit zurück verhalf. Sie sehnten sich nach einem König, nach einem, der zum König gesalbt wurde, einem Gesalbten, einem Messias, in der weltweit geläufigen griechischen Sprache einem Christus.

Brächte ein neuer König in diese Mauern Recht und Gerechtigkeit? Hatte dies jemals ein König geleistet? Die Könige hatten nicht einmal das Erlassjahr, das in der Thora vorgeschrieben wurde, durchgesetzt.

Ich schaute mich um. Meine Freunde blickten fasziniert auf die mächtige Stadt und Petrus nickte mir bestätigend zu. Sein zuversichtlicher Blick sagte mir: „Du bist dieser neue König, der Messias, den die alten Schriften der Propheten verheißen." Mich schauderte. Ich wusste, was Menschen von Herrschern erwarten. So ein Herrscher wollte ich nicht werden! Dazu müsste ich zu viel von meinen Überzeugungen über Bord werfen.

Trotzdem lachte ich aufmunternd zurück: „Wir sind da! Jetzt wollen wir auch hinein!"

Wenn schon, denn schon! Ich würde nicht die Erwartungen an einen „neuen David" erfüllen, aber zeigen, dass ich im Namen Jahwes käme, klare Ansagen machte, Zeichen setzte. Zeichen? Schon jetzt könnte ich an den Verheißungen der Propheten anknüpfen: „Der Gerechte Gottes kommt in die Stadt geritten auf einem Esel." Das behauptete Sacharja.

Ich schickte zwei meiner Schüler in die Stadt, sich um einen Esel zu kümmern. Stolz auf ihren Erfolg kehrten sie bald aus den schattigen Gassen der Stadt durch das große Tor zurück zu uns, begleitet von einem Esel.

Wenn ich ehrlich sein soll: Der Rest war für mich eine Art Komödie. Ich meinte es ernst, dass ich im Namen Gottes kam, aber dieser „Ritt" glich einer Show. Musste ich so etwas tun? Agierte ich wie ein Schauspieler? Jesus, der Christus, der Superstar? Na gut, ich lernte seitdem ganz viele Superstars kennen. Die präsentierten sich in der Regel völlig anders.

Damit ich auf dem Esel gut sitzen konnte, legten meine Jünger über seine harten Haare weiche Kleider. Er ließ es geduldig mit sich machen. In den nächsten Tagen dachte ich öfters an ihn, weil ich auch viel mit mir geduldig machen ließ.

Es fehlte gerade noch, dass meine Jünger Fähnchen schwenkten! Da: Ein paar hieben sich Palmzweige ab und schwenkten sie: „Hoch lebe der König. Hoch lebe der Sohn Davids! Hoch lebe, der im Namen des Herrn kommt!" Das wirkte peinlich bis grotesk: Ein echter Herrscher ritte hochherrschaftlich auf einem Pferd ein, umgeben von Soldaten.

Ein Esel beeindruckte nun wirklich nicht. Andererseits passte er genau zu meiner Mission: Ein Esel ist das Lasttier des einfachen Mannes. Ich gehörte zur Welt der einfachen Menschen. Ich lebte in der Welt der meisten Menschen.

Manche breiteten Kleider auf den Boden, damit der Esel auch weich ging. Dabei dachten sie nicht an das arme Grautier, sondern an diesen seltsamen Thronprätendenten.

Als die Rufe erklangen „Gesegnet sei der König, der im Namen des Herrn kommt!" schauten noch mehr Leute neugierig zu uns. Manche steckten die Köpfe zusammen. Man diskutierte. Aus einer kleinen Gruppe winkten mir Männer: „Meister, bring deine Jünger zum

Schweigen! Sie sollen nicht so lästerliche Sachen rufen!"
Woher diese Kritik kam, konnte ich mir vorstellen: von
denen, die nicht darauf bauten, dass Gott einen Boten
schickt, sondern darauf, dass das penible Einhalten der
Gebote dazu führt, dass Jahwe seine Königsherrschaft
errichtet. Ich rief hinüber: „Wenn meine Jünger schweigen, werden die Steine zu schreien beginnen! Die Wahrheit lässt sich nicht unterdrücken!" Sie schüttelten die
Köpfe. Aber sie ballten nicht die Fäuste. Noch nicht!

Ich deutete auf die mächtigen Steinmauern und
sagte zu meinen Jüngern: „Mir graut, wenn ich mir vor-
stelle, was die Zukunft bringt! Sie werden sich nicht an
den HERRn halten. Sie werden auf ihre eigene Macht
bauen, auf ihre Stärke. Aber die Feinde sind stärker. Sie
kommen und belagern die Stadt. Nach dem Kampf wird
kein Stein mehr auf dem anderen liegen! So ist es bei
Menschen, bei Völkern, die die Zeichen der Zeit, die die
Zeichen Gottes nicht erkennen und verstehen: Ihre
Steine werden heulen, weinen und schreien." Ich ahnte
nicht, dass mich die nächsten zweitausend Jahre un-
unterbrochen bestätigen würden. Ich möchte keine Namen der Peiniger nennen, weil ich zu viele Namen auslassen würde.

Nein, die Pharisäer verstanden nicht, was ich
meinte. Meine Jünger verstanden es auch nicht. Auch
von den Menschen, die in den folgenden Jahrhunderten
meine Botschaft hörten, verstanden es nur wenige. Wie
oft lagen Städte in Trümmern? Wie oft waren Länder
verwüstet? Ich seufzte angesichts meiner Ahnungen.
Doch die Pharisäer diskutierten wieder miteinander und
meine Jünger auch.

Lange dauerte die Szene nicht. Wir zogen durch die
Gassen und steuerten mein wichtigstes Ziel an. Das Ziel
war natürlich der Tempel.

Die Leute merkten, dass nichts Besonderes passierte
und gingen weiter ihren Geschäften nach. Doch ein
bisschen Eindruck hatte ich gemacht. Aufmerksame
Blicke verfolgten mich an den nächsten Tagen auf den
kleinen Plätzen, im Basar, beim Tempel.

Abends verließen wir die Stadt. Bei meinen Bekannten in Bethanien und ihren Nachbarn kamen wir unter.

7.2 Der Messias

In Jerusalem verschob sich einiges in meinem Leben. In Galiläa galt ich als der erfolgreiche Charismatiker: Ich konnte Leute mit meinen Predigten ansprechen, ich gewann sie durch meine Geschichten, ich setzte mich mit ihren Dämonen auseinander, Kranke wurden in meiner Gegenwart gesund.

Doch nun änderte sich das Umfeld: In Jerusalem konzentrierte sich die Macht, die politische und die religiöse Macht. Wenn ich hier öffentlich wirkte, gäbe es Auseinandersetzungen mit denen, die an der Macht teilhatten. Ich musste mir klar werden, was ich genau wollte. Wie weit würde ich gehen? Was wäre ich bereit, zu riskieren? Mein Leben?

Welche Hoffnungen Leute in mich setzten, merkte ich seit längerem. Doch in der Stadt des Palastes und des Tempels spitzte sich die Lage zu. Die Stadt „speicherte" alte Erwartungen. Man erwartete den davidischen „Messias".

Die Vorstellungen verschoben sich. In meiner Heimat Galiläa spielte David keine Rolle. Die Leute hofften auf Elia, den Propheten, der die große Wende einleiten würde. Seine erneute Erscheinung bedeutete den Beginn des Reiches Gottes. In Galiläa schaute man mich religiös an. Am Zion ging es um David. Bei diesem Königsgeschlecht stellte man sich den Beginn des Reiches Gottes sehr diesseitig politisch vor.

In der Weltsprache Griechisch, der Koine hieß „Messias" „Christos", der mit Chrisam gesalbte, zum König Gesalbte. Da schwangen religiöse Vorstellungen mit. Den König des Reiches Gottes sollte ein Prophet Jahwes salben. Manche dachten an zwei Personen, einen königlichen und einen priesterlichen Messias.

Mit „König und Priester" verband man mit der Vorstellung von Selbständigkeit: Ein König, ein Priester, eine Religion, ein Land. Der König repräsentierte das Volk. Die Tatsache, dass man von keinem König der Geschichte dieses Volkes wirklich etwas Gutes erzählen konnte, spielte für die Hoffnungen keine Rolle. Für mich spielte das durchaus eine Rolle: Ich wäre niemals einer, der in die Ränkespiele der Macht eingreifen wollte. Das ekelte mich. Die Grundlage von Politik und der mit ihr verbundenen Religion ist Verlogenheit, denn über die Wahrheit stellen Politiker immer die Macht, den Machterhalt oder den Machtgewinn.

Nun, Jeshua Ben Yusuf aus Nazareth, was machst du nun?

Dazu kamen noch andere Erwartungen. Die Menschen erlebten, wie „alles schlechter" wurde. Jetzt sollte Gott einen Schlussstrich ziehen. Jetzt sollte ein großes Gericht stattfinden, in dem er die Bösen zur Rechenschaft zöge und den Benachteiligten zu ihrem Recht verhülfe. Diese Vorstellung teilten natürlich nicht die, die von den derzeitigen Verhältnissen profitierten. Denjenigen, der die Zeit des Gerichtes einleiten sollte, nannten die Propheten den „Menschensohn". Damit meinten sie konkret, dass Jahwe sich einen Menschen auswählt, der das Gericht leitet und gerecht – also unbarmherzig – Recht spricht. Realisierten sie, dass dabei überhaupt niemand auf die gute Seite käme. Denn wer ist denn schuldlos, von Babys mal abgesehen?!

Da wanderte ich nun durch die Gassen Jerusalems. Kam ich als der „neue David", als der „Messias", als der „Menschensohn" oder doch noch als „Elias"?

Nein, ich passte nicht in diese Schablonen. Wenn einer der Begriffe an mir haften blieb, müsste ich ihn neu füllen. Nicht „der Messias" bestimmt, wer ich bin, sondern ich bestimme, wie „der Messias" ist.

Vielleicht würde ich es nie klar formulieren und auch kein Konzept entwickeln und veröffentlichen. Aber ganz bestimmt würde ich mich so verhalten, dass jeder erkannte: Ich bin es, Jeshua ben Yusuf und durch mich wirkt mein Vater, wirkt Adonai.

Der rücksichtslose David, der seine Hände in Blut tauchte und erfolgreich war, würde von mir nicht abgebildet. Der „Menschensohn", der um der Gerechtigkeit willen alle über die Klinge springen ließ, der würde ich auch nicht sein. Der „Messias", der die bösen Römer vertrieb und gute Juden in die Machtpositionen erhob, würde ich auch nicht sein.

Aber ich spürte schon - und das ließ mich keinen innerlichen Jubel spüren: Ich stieße auf heftige Widerstände. Es würde gefährlich für mich. Was geschähe, wenn die Massen mich zum „Messias" ausriefen und die

Römer ihre Macht bedroht fühlten... Der Stadthalter des Kaisers, Pontius Pilatus galt als nicht sehr effektiv, aber durchaus bereit, jemanden kalt zu stellen, der seine Macht bedrohte. Kalt stellen hieß meistens Kalt-machen. Sein Kaiser, Tiberius war durchaus bekannt dafür, dass er Leute ans Kreuz hängen ließ. Man bezeichnete ihn nicht als blutrünstig, aber als skrupellos, wenn es um seinen Machterhalt ging. Er konnte sich unter den Ränkeschmieden in Rom sehr gut an der Macht halten!

Die Juden musste ich ein bisschen weniger fürchten, weil sie über weniger staatliche Machtinstrumente verfügten. Aber auf Intrigen verstanden auch sie sich – und wer immer gesellschaftlich erfolgreich war, verfügte auch über Beziehungen zu den Römern.

Jerusalem würde zum heißen Pflaster für mich.

7.3   Im Tempel

Einer meiner ersten Wege führte mich zum Tempel. Hier kumulierte für mich die Geschichte Jahwes mit seinem Volk, zu dem auch ich gehörte. Nein, ich verfügte über keinen weltweiten Blick. Ich kam aus der Provinz: Sohn einer unbedeutenden Familie in einem unbedeutenden Dorf in einem abgelegenen Tal einer Provinz eines kleinen Vasallenstaates des römischen Reiches. Aber meine Provinzialität implizierte eine Weltoffenheit und vor allem Menschenoffenheit.

Der „Junge aus der Provinz" kam nun in die Großstadt und betrat den Tempelbereich. Es war nicht meine Erstbegegnung mit dem Tempel, aber ich verfügte nun über einen anderen Blick, geschult durch viele Erfahrungen.

War ich übersensibel geworden? Ich wusste, wie der Betrieb läuft. Im Tempel wird geopfert. Tauben oder Lämmer. Nicht jeder, der einen langen Weg hinter sich hat, kann ein Tier mitbringen. Also kauft er es vor Ort. Das ist doch klar.

Genauso klar ist es, was auf einem Markt abgeht: Kunden und Verkäufer, marktschreierische Konkurrenten. Im Kampf um die Kunden musste man Werbung machen und zwar lautstark. Im Tempel verkehrt nur

Laufkundschaft, gibt es keine Stammkunden. Wer da nicht schreit, ist selber schuld.

Wir Juden hatten uns in den letzten hunderten von Jahren in der ganzen Welt verbreitet. Wenn nun jemand aus der weiten Ferne zum Tempel strebte, brachte er vielleicht seine eigene Währung mit: Also gab es „Wechselstuben". Bankomaten oder gar Kartenzahlung waren nicht mal vorstellbar.

Was für ein Lärm, was für ein Geschacher, was für ein Materialismus. Nichts mit Besinnlichkeit, nichts mit Innerlichkeit. Aber was regte ich mich auf. Das war doch klar.

Es war dieser Situation geschuldet, dass ich mich fürchterlich aufregte. „Was ist das hier für ein Laden?!" schrie ich. Meine Freunde versuchten gar nicht erst, mich zurück zu halten. Fanden sie es toll, dass hier endlich mal jemand mit Autorität auftrat? Auf alle Fälle schrie ich einen Geldwechsler an: „Das hier ist ein Gotteshaus und kein Geldtempel!" Mit einem heftigen Tritt stürzte ich seinen Tisch um. Münzen kullerten über den Boden. Die Jungs stürzten sich darauf.

Auch beim Taubenhändler gegenüber war ich nicht zimperlich: „Da, lass die Viecher doch losfliegen!" Am liebsten hätte ich eine Traube von Tauben über den Tempel fliegen lassen, aber ganz so erfolgreich war ich doch nicht. Und bei dem Lammhändler? „Ich packte ihn beim Gewand: „Raus hier! Raus!"

Ich erinnerte an die alten Propheten: „So steht es in den Schriften: Mein Haus soll ein Haus des Gebetes für alle Völker sein! Aber ihr habt eine Räuberhöhle daraus gemacht!" Die Kaufleute lassen sich nicht gerne an den Kopf werfen, dass sie Räuber seien. Sind sie aber etwa keine? Manchmal wünschte ich mir eine Welt ohne Kaufen und Verkaufen!

Merkten sie, dass ich den Tempel freigeben wollte? Für alle Völker! Wie die Propheten. Alle Völker sollten ins Zentrum Jahwes kommen. Was für eine starke Vorstellung. Shalom für den Erdkreis.

Ich kippte Tische quer, um den Weg der Menge zu blockieren. Freiheit!

Binnen kurzem war der Tempel frei von Händlern! Endlich sauber: „Das ist Jahwes Haus! Jetzt räume ich die Räuberhöhle auf!" Ich variierte den Originaltext des Propheten Jesaja, denn den kannte man. Jesaja war gut beleumdet. Er war ja schon lange tot. Das schätzt man an revolutionären Leuten.

Egal. Es lief natürlich nicht so. Entschlossen packten mich bullige Männer und schleiften mich aus dem Tempel. Ich war nicht der erste religiöse Verrückte... Man war nachsichtig mit Spinnern wie mir, denn eigentlich konnte man die Kritik nachvollziehen. Man wollte nur keine Konsequenzen daraus ziehen. Das hätte die Wirtschaft geschwächt. Es wären Arbeitsplätze verloren gegangen. So etwas Teuflisches will doch bestimmt niemand!

Meine Jünger beeindruckte dies sehr. Sie erzählten noch lange davon. Je länger sie erzählten, umso erfolgreicher wurde ich. In Wirklichkeit provozierte ich Gegner. Das waren nicht die Händler, die mit Spinnern leben mussten, es waren die religiösen Machthaber. Die vertrugen keine Störungen im System. Manche überlegten wohl bereits, wie ich aus dem Weg geschafft werden könnte.

Am Abend machten wir uns wieder auf den Weg zurück nach Bethanien, wo ich bei Martha übernachten konnte.

7.4 Endzeit für Jerusalem

Vor dem Morgengrauen wanderte ich von Bethanien nach Jerusalem. Ich wollte die Stadt erwachen sehen. Als die Sonne sich hinter den Bergen hervorschob, blickte ich von einer Anhöhe aus auf die Stadt. Jerusalem! Was wird wohl aus dir? Brächte ich die Tage der Entscheidung, den berühmten „jenen Tag" der Propheten, in denen die Herrschaft der Mächtigen ein Ende hätte und die Herrschaft des HERRn begönne?

Allmählich erwachten die Leute. Hähne krähten. Rufe drangen zur mir herauf. Bald würde das volle Leben pulsieren, vor allem, wenn die Besucher von auswärts einträfen.

Ich blickte in das morgendliche Treiben. Die Stadt strahlte Lebendigkeit aus. Sie verkörperte Sicherheit.

Ich hatte Visionen. Rauch stieg auf in der Stadt. Feuer mähte die Häuser nieder. Frauen schrien und versuchten, ihre Kinder in Sicherheit zu bringen. Kinder schrien und waren hilflos. Männer starrten auf den Untergang. Kein Stein würde auf dem anderen bleiben. Kein Vorrat überstände die Zerstörung. War es ein Erdbeben oder ein Stern, der vom Himmel fiel? Waren es wilde Soldaten, die keine Gnade kannten und alles in Brand steckten?

O, ihr armen Frauen! Hättet ihr doch nie Kinder bekommen, dann müsstet ihr um sie keine Angst haben! O, ihr kinderlosen Frauen, wenn ihr bisher unglücklich wart, jetzt ist genau das eure Freiheit: Ihr braucht nicht zu trauern. O, ihr Kinder, die ihr die Zukunft verkörpert: Ihr habt selbst keine Zukunft mehr. O ihr Männer, die ihr alles beherrscht: Diese Zerstörung beherrscht niemand mehr. O ihr Zerstörer, die ihr die Macht in den blutigen Händen haltet: Das Zerstörte lässt sich nicht beherrschen. Von Ruinen kann keiner leben und verbrannte Erde schenkt keine Nahrung!

Habt ihr euch auf Verheißungen Gottes verlassen, dass er sein Land nicht untergehen lässt, weil es ja schließlich sein Land ist? Was sollte das für ein Gott sein, der von eurem Land, von euren Häusern und Äckern abhängig ist.

O ihr Soldaten: Ihr bringt Tod und glaubt, dass ihr davon leben könnt? O ihr Kaiser, ihr Herren in den Schaltzentralen der Macht: Ihr festigt eure Macht durch Zerstörung der Lebensgrundlagen. Muss man seinen Verstand vernichten, um Machthaber zu werden? Wenn ihr die Luft zum Atmen verbrennt, habt ihr eure Macht gezeigt. Aber ihr werdet ersticken. Wenn ihr Wälder entlaubt, habt ihr eure Macht gezeigt, aber ihr werdet euch zu Tode röcheln. Und wenn ihr die Folgen eures rücksichtslosen Handelns überlebt, wird euch der Tod wegmähen. Seine Sense verschont auch euch nicht. Ihr werdet heulen, ihr werdet jammern, denn mit dem Tod ist nicht alles aus. Mit dem Tod sind nur die Bedingungen, die ihr beherrscht zu Ende und die Bedingungen, unter denen ihr die Welt habt leiden lassen, werden euch beherrschen. Ihr wäret besser nicht geboren worden.

Die Steine der Mauern, die alles sichern, werden stürzen und wild in der Gegend liegen. Keiner wird sich an den Glanz dieser Stadt erinnern, sondern wer hier in der Gegend vegetiert, freut sich über einen Grashalm, den er sich in den Mund stecken kann. Und die Ratte dort hinten verschwindet, bevor er sie als Essen fängt. Und die Ratte dort hinten wird ihm Krankheiten hinterlassen, so dass zwischen den Steintrümmern ein heulender Mensch liegt, der seinen giftigen Atem in den Äther haucht und seinen Geist aufgibt. Das ist die Frucht eures Lebens! Das ist die Frucht eures Wohlstandes! Das ist die Frucht eures ‚Leistung muss sich wieder lohnen!' Dein Lohn ist, dass du sterben darfst. Aber der Tod ist unsterblich und dein Sterben wird ewig dauern.

Mit trüben Gedanken wanderte ich hinunter in die unbekümmert lebendige Stadt.

7.5 Auferstehung? Unsinn!

Jerusalem! Dauernd triffst du Leute, die mit dir diskutieren wollen. Nach wenigen Tagen war ich bekannt. Man redete über mich und man redete mit mir. Wir Juden debattieren für unser Leben gerne. Das kommentierte ein witziger Rabbiner: „Treffen sich zwei Rabbis. Haben sie drei Meinungen..." Trotzdem finden sich manche zu Gruppen zusammen. Ich erinnere mich gerne an eine Auseinandersetzungen mit... tja, der Witz war: mit zwei Gruppen gleichzeitig. Das ist das Beste: Da stellt dir einer eine Frage und wenn du eine Antwort gibst, landest du sofort in einer Schublade. Dann gehörst du dazu oder auch nicht oder gar in die Schublade „Feind", „Ungläubiger", „Gottloser!", „Dummkopf!" Ich weiß nicht, in wie vielen Schubladen ich landete, aber ich weiß, dass es sich bis heute nicht geändert hat. Nur gibt es den Vorhof des Tempels nicht mehr.

Ich befand mich im Vorhof, als eine Gruppe von Pharisäern zu mir kam. Die mochte ich: Sie waren so ernsthaft. Es ging ihnen wirklich um Gott. Freilich ging es ihnen um Gott im Rahmen ihres eigenen Denkvermögens. Das ist immer problematisch, wenn Gott einem Raster entsprechen muss. Sie diskutierten ein heißes Thema: Leben nach dem Tod. Sie kamen nicht alleine.

Offenbar hatte gerade schon ein Streitgespräch stattgefunden, in das sie mich als Verbündeten ziehen wollten. Sie diskutierten mit Sadduzäern. Die mochte ich auch. Sie versuchten, sich alles vernünftig zu erklären. Das ist auch sehr vernünftig. Aber ihr Handicap war: Sie versuchten sich Gott innerhalb ihres Denkvermögens zu erklären und wenn das nicht gelang, dann endete dies zu Lasten Gottes. Den gab es dann eben nicht. Das war blöd, denn dann konnten sie nicht mehr über ihn diskutieren. Gut, dass es noch die Pharisäer gab, denn die erhielten Gott am Leben und man konnte weiter diskutieren.

Ist das klar? Es ist einfach menschlich.

Mit David, dem lebhaftesten der Pharisäer, hatte ich schon oft über Gesetzesauslegungen debattiert. Er rief aufgeregt: „Jeshua, lass dir mal erzählen, wie diese Sadduzäer hier diskutieren. Das sind doch keine Juden! Das sind doch Gottlose!"

Ein Sadduzäer, der offenbar das Wort führte, lachte David geringschätzig aus: „Nur weil wir unseren Verstand nicht ausschalten, sind wir noch lange nicht gottlos. Glaubst du, Gott hat uns den Verstand gegeben, damit ihr ihn außer Kraft setzt?" David schnappte nach Luft und Worten, aber ich wollte wissen: „Worum geht es denn nun? Erzähl doch mal!"

Der Mann blickte mich herausfordernd an: „Wir kennen dich, Rabbi. Du weißt immer eine passende Antwort. Aber hör mal: Du kennst doch dieses Gebot mit der Schwagerehe."

Natürlich kannte ich es: Wenn ein verheirateter Mann stirbt und keine Kinder hat, dann soll sein Bruder, sofern er einen hat, mit der Witwe Kinder zeugen. Das erste wird dann dem Bruder zugeschrieben. Dann geht es durch dieses Kind auch für ihn weiter. Für manche Menschen bedeuten Kinder eine Art Auferstehung und viele Nachkommen bedeuten fast schon Unsterblichkeit. Ja, ich kannte die Regel.

„Habt ihr ein Problem?" Ich schaute zu den Sadduzäern.

„Nein", grinste der Wortführer, „Es ist nur eine interessante Frage: Da gab es sieben Brüder. Der erste heiratete, starb aber, bevor er Kinder zeugte. Also musste

der zweite die Frau heiraten, aber auch er starb, bevor...
Naja, so ging es eben weiter, Mann für Mann. Ein Fluch
schien über der Familie zu liegen. Auf alle Fälle starb
am Schluss auch die Frau."

Was wollte er eigentlich? Damit war das Problem gestorben. Der Lösungsweg war erfolglos gewesen.
Nächste Frage...

„Ja und?!" Ich blickte ihn herausfordernd an. Er
musste mir ein bisschen mehr bieten als so eine kon-
struierte Geschichte.

„Schau mal, Jesus!", grinste er nahezu unverschämt. Er ordnete mich offenbar seinen Gegenspielern
zu und denen traute er intellektuell nicht über den Weg.
„Also, ihr glaubt doch an die Auferstehung und dass wir
uns dann wieder sehen. Wessen Frau ist sie dann? Es
waren doch alle sieben mit ihr verheiratet. Dann müsste
sie sieben Männer haben. Das geht aber nicht und das
würde auch niemand akzeptieren." Seine Freunde lachten.

Ich schaute ihn streng an. Verlegen dreht er die Daumen und das Lachen der Freunde verwandelte sich in
Neugierde. Hatte ich ihnen wirklich etwas entgegen zu
setzen?

„Ihr habt von Gott und seiner Welt keine Ahnung!
Seid ihr wirklich so einfältig, zu glauben, nach dem Tod
geht es einfach woanders weiter? Nein, überhaupt
nicht. Nach dem Tod wird nicht geheiratet, nach dem
Tod wird nicht weitergemacht. Ihr glaubt doch auch
nicht, dass die Engel im Himmel Familien gründen!
Neues Leben bei Gott ist eben etwas Neues. Da kommen
wir mit unseren alten Vorstellungen kein bisschen weiter. Und je mehr eure Gedanken an eurem Alltag orientiert sind, desto weiter seid ihr von Gottes Wirklichkeit
entfernt. Kümmert euch lieber um das Leben vor dem
Tod. Da könntet ihr Gott gut genug brauchen. Und des
Rest legt vertrauensvoll in seine Hände!"

Die Sadduzäer schauten verdutzt, die Pharisäer
auch. Diese Antwort passte weder den einen noch den
anderen. Da hatten sie erst mal was zum Nachdenken.

7.6 Freiheit oder Frieden?

Die Pharisäer diskutierten gerne mit mir. Kein Wunder, denn offenbar gehörte ich auf meine Art zu ihnen und fand Antworten, wo sie sich im Kreise drehten. Diesmal erschienen sie mit Leuten von Herodes. Einige Frauen in meinem Freundeskreis hatten Beziehungen zum Königshaus, wenn auch nicht zum König und seiner Sphäre. Durch sie hörte ich, welche Themen aktuell waren. Den Herodianern ging es um die Macht. Beim Machtpoker muss man biegsam sein. Knallhart , aber nicht bei den Prinzipien, nur beim Ziel.

Hatten sich die beiden verfeindeten Gruppierungen zusammengeschlossen? Sie tauchten mit einer gemeinsamen Frage auf und taktierten: „Meister, wir wissen, dass du wahrhaftig bist und dir egal ist, wie andere über dich reden. Du achtest nicht auf das Ansehen der Menschen, sondern du lehrst den Weg Gottes recht." ‚Meister, wir wissen, dass du wahrhaftig bist…' Geschickt fischten sie bei meiner Eitelkeit. Wenn ich so gelobt werde, muss ich auch was bringen. ‚Wahrhaftig' wäre ich, behaupteten sie. Ja, ich versuchte, aufrichtig und integer zu sein. Dass ich bei meinen Reden mich nicht von jemandem beeindrucken ließ, der in der Öffentlichkeit, in der Gesellschaft etwas darstellte, stimmte auch. Doch ich erkannte die beliebte rhetorische Stilform der „captatio benevolentiae", der Gefangennahme des Wohlwollens: Man schmeichelt sich beim Gegenüber ein. Na, das konnte noch toll werden. Von ihrer Seite aus erwartete ich zunächst einmal keine „Wahrhaftigkeit". Wollten sie mich gar auf einen Irrweg führen? Dabei behaupteten sie, ich würde den wahren Weg Gottes weisen.

Die Herodianer kamen zur Sache: „Wir müssen doch Steuern zahlen." Ich blickte sie indifferent an. Zur bloßen Feststellung konnte ich schlecht Position beziehen. Was wollten sie eigentlich?

„Unsere Steuern zahlen wir dem Kaiser von Rom. Ist das eigentlich für uns Juden richtig? Sollen wir das wirklich tun?"

O, so lief der Hase also. Aufs Glatteis wollten sie mich führen, damit ich mir das Genick breche. Ich kannte die Fragestellung durchaus: Dass man Steuern zahlen muss ist relativ unbestritten – außer bei Anarchisten, Neo-Liberalen und Herrschern als solchen. Bei uns Juden war das Problem: Wer bekommt die Steuern? Da das Heilige Land von den Römern besetzt war, bekamen sie die Steuern. Unsere Feinde bekamen die Steuern. Wir zahlten die Truppen, die uns unterdrückten, selbst. Das sollte sich ändern. Man müsste die Römer vertreiben. Aber das war militärisch, weltpolitisch nicht machbar. Eine starke Richtung argumentierte pragmatisch: Steuern muss man so oder so bezahlen, warum also nicht den Römern, wenn sie gleichzeitig die Regierungsaufgaben übernehmen und mit den Steuern Sachen bezahlt werden, die für die Allgemeinheit nötig sind, wie Straßenbau.

Die Herodianer positionierten sich relativ klar: Herodes ist der jüdische König, also soll er die Steuern bekommen. Es wäre besser, wenn die Römer weg wären. Auch die Pharisäer hatten sich klar positioniert: Wichtig ist, dass wir Gottes Gebote einhalten. Solange die Römer dies ermöglichen, passt es. Immerhin haben wir Frieden und die öffentliche Sicherheit ist gewährleistet. Am besten bleibt alles so, wie es ist, bis der Messias kommt. Dann wird sowieso alles anders. Aber Herodes ist nicht der Messias.

Ich befand mich in der Bredouille: Egal, wie ich mich äußerte, würde mich eine Seite als Feind darstellen; entweder ein Feind der Römer und des Friedens - oder ein Feind des eigenen Volkes, das unabhängig sein wollte.

War die Fragestellung aufrichtig? Oder wollten mich beide Seiten bloßstellen? Ich wusste es nicht. Vielleicht waren die Gruppen in sich gar nicht so geschlossen, wie es den Eindruck hatte. Nun brauchte ich einen Kniff, wie ich der Falle entkommen könnte. Da gab es nur eins: Ich musste auf mein eigenes Ziel losgehen und mir nicht die Ziele von anderen vorgeben lassen.

Das gehörte inzwischen zu meinen Erfahrungen: Du bestimmst selbst deinen Weg und interpretierst alles, was dir vorgegeben wird, in deinem Sinn. Wenn zum Beispiel jemand mich Messias nannte, dann konnte ich das ablehnen, annehmen oder auch ganz neu füllen:

Messias? Wenn ich der Messias bin, dann ist der Messias, wie ich bin und nicht wie andere ihn erwarten. Das ist göttliche Souveränität!

Gerade in Jerusalem brauchte ich Stehvermögen. Hier schwirrten alle möglichen Vorstellungen durcheinander. Wenn man sich nicht selbst definierte, war man schnell fremddefiniert.

Ich wählte den direkten Weg: „Ihr redet von der Steuer. Wollt ihr mich reinlegen? Aber gut, wenn ihr unbedingt wollt: Wie wird die Steuer entrichtet? Die zahlt man in der offiziellen Währung. Dann gebt mir doch mal so ein Silberstück."

Einer kramte aus seinem Beutel einen Denar. Ich biss nicht hinein, um den Silbergehalt zu überprüfen, sondern betrachtete ihn von beiden Seiten. Es handelte sich um das offizielle, von den Römern geprägte Zahlungsmittel.

Ich drehte ihn zwischen Daumen und Mittelfinger und hielt ihn dann hoch: „Na, was ist da darauf zu sehen?"

„Was soll da zu sehen sein? Tiberius, unser römischer Kaiser."

Das stimmte. Tiberius war Kaiser geworden, als ich gerade meine Bar Mizwa hatte. Er herrschte schon sehr lange und schien an Israel erfreulich desinteressiert zu sein. Es gab keine besondere Unterdrückung und keine kriegerischen Handlungen. Wer Frieden wollte und guten Lebensstandard, wäre gut beraten, Tiberius einfach zu akzeptieren. Das Wissen „Rom ist weit" half in Ländern wie unseren viel. Allerdings hatte ich in Jerusalem auch mitbekommen, dass es in Rom keineswegs friedlich zuging und Tiberius seine Macht auch dadurch zu festigen wusste, dass Menschen hingerichtet wurden. Freunde, die Zugang zum römischen Stadthalter hatten, kolportierten Geschichten, die mich vorsichtig gemacht hätten, nach Rom zu gehen.

Aber ich war in Jerusalem. Hier war Frieden. Hier konnte ich predigen und diskutieren. Hier brauchte ich keine Angst zu haben. Nur mein Freund Judas bereitete mir Sorgen. Als „Dolchträger" gehörte er zu denen, die im Zweifelsfall gerne die Herrschaft der Römer abgestreift und dazu auch zum Schwert gegriffen hätten.

Noch hatte ich ihn nicht zu einem friedlichen Weg überzeugen können, andererseits hielt er zu mir, trotz meiner Überzeugungen. Er kannte meine Erwartung, dass die gegenwärtigen Zustände nicht ewig andauern, sondern das neue Reich Gottes anbrechen würde. Nach meiner Überzeugung lebten wir in einer Art Endzeit. Allein das schon hielt mich davon ab, eine Lösung durch Gewalt zu suchen. Aber zurück zur Diskussion.

„Ja, da sehen wir unseren Kaiser", lachte ich, „Lest mal die Inschrift!" Auf der Münze stand *„Tiberiou Kaisaros".* Wenn das Bild des Kaisers mitsamt seinem Namen auf dem Geldstück steht, dann sollten wir es ihm auch geben, oder? Also: Was dem Kaiser gehört, geben wir ihm, aber!!!"

„!!!": meine berühmten drei Ausrufezeichen. Nein, ich würde mit ihnen nicht über Kaiser, Besatzung und Freiheit diskutieren. Mir ging es um Gott.

„Passt auf, ihr Freunde Gottes und ihr Freunde des Königs: Der Kaiser soll seine Steuern bekommen, meinetwegen auch der König. Da sollen die sich einigen. Aber für uns ist wichtig: Was bekommt Gott von uns? Was erwartet Gott von uns? Was will Gott von uns?"

Sie blickten mich seltsam an. Sie hatten doch eine ganz andere Frage gestellt! Nun spürten sie den Ernst in meiner Antwort: Durch die Art unsres Leben sollen wir Gott geben, was er von uns erwartet. Das andere ist zweitrangig. Gibt es eine „Lebenssteuer" für Gott? Meinte ich gar eine „Liebes-Steuer"? Eine Abgabe in Form von Liebe?

Ich blickte sie sinnend an, winkte „Shalom" und spazierte gemächlich aus dem Kreis heraus.

Ich suchte eine schmale Gasse. Das turbulente Straßenleben blieb hinter mir und in den kühlen Gassen kam ich zur Ruhe. Hier spürte ich die wunderbare Zusage der heiligen Schriften: „Es ist noch Ruhe im Lande Jahwes".

In diesen engen Gassen formulierte sich etwas in mir: „Es ist die schmale Gasse, die zu Gott führt." Das wäre eine Botschaft für meine Schüler: „Auf dem breiten Weg werdet ihr das richtige Ziel nicht erreichen."

7.7 Jerusalemer Botschaften

In Jerusalem änderte sich meine Botschaft. Aber auch hier griff ich zu Geschichten. Zweitausend Jahre später müsste ich zu anderen Bildern greifen, aber meine Themen blieben leider gleich.

Mit den Römern diskutierte ich nicht. Sie lebten in der falschen Welt. Menschen mit meiner Tradition konnten mich verstehen. In Jerusalem sprach ich die religiös Einflussreichen an. Ich stellte mich in die Tradition der bekannten kritischen Propheten: Religiös hieß immer auch sozial. Schließlich hat der himmlische Vater seine ganze Familie im Blick. Wenn du einflussreich bist, hast du auch Verantwortung. In diesem Fall musste ich klarstellen, vor wem du dich zu verantworten hast, wem du Rede und Antwort stehen musst: Adonai, dem HERRn.

Schon in den ersten Tagen brachte ich es auf den Punkt. Auch Pharisäer und Schriftgelehrte scharten sich um mich. Vorsichtig nannte ich den HERRn einfach „einen Menschen". Die Hörer verfolgten die Geschichte aus irdischer Sicht und kamen so den Absichten des Herrn näher.

„Ein Mann pflanzte einen Weinberg. Er sicherte ihn mit einem Zaun. Er versah ihn mit einer Kelter und einem Turm. Dann verpachtete er ihn an Weingärtner und begab sich ins Ausland.

Als die Zeit gekommen war, dass die Weingärtner die Pacht zahlen sollten, schickte er einen Beauftragten, um seinen Teil zu erhalten. Die Weingärtner verprügelten ihn und schickten ihn mit leeren Händen zurück. Der Herr sandte einen anderen Boten mit klaren Ansagen. Sie schlugen ihn auf dem Kopf, verspotteten ihn und ließen ihn unverrichteter Dinge abziehen. Der Herr schickte voll Ungeduld einen dritten. Diesmal waren sie noch weniger zimperlich und schlugen ihn tot. Da sandte der Herr seinen bevollmächtigten Sohn. Vor dem würden sie Respekt haben. Aber als sie erfuhren, dass es der Sohn war, lachten sie wie Sieger: ‚Das ist sein Erbe! Wenn der nicht mehr da ist, wird uns alles gehören!' Sie töteten ihn und warfen seine Leiche vor die Stadt für die wilden Tiere.

Wie wird der Herr reagieren? Hat er verloren? Wird er nicht vielmehr mit Soldaten kommen und die Pächter umbringen?"

Einiges konnten aufmerksame Zuhörer sofort heraushören: Aus dem Mann wird der Herr – das erinnert schon an Gott, den Herrn. Der ‚Weinberg' war ein prophetisches Bild für unser Volk. Ein Weinberg ist mehr als ein Acker. Hier geht es um Lebensgenuss. Israel sollte für seinen Gott, seinen Herrn, ein Genuss sein. War Israel überhaupt noch mit dem Herrn verbunden oder hatten die Vertreter des Herrn das Szepter übernommen, ohne dem Herrn Rechenschaft zu geben?

Im „Auftrag des Herrn" erschienen die Propheten. Das war oft genug ein gefährlicher Auftrag: Wenn er den einflussreichen Leuten nicht passte, wurde er entweder ignoriert - oder sie stellten den Propheten kalt. Manchen Mann machten sie kalt. Wer war nun der erbberechtigte Sohn des Herrn?

Wer wollte, konnte es zu Recht auf mich beziehen. Aber ich war kein Erbe mit Machtansprüchen, ich brachte nur den Willen des Herrn in die Alltagswelt. Ob es für mich lebensgefährlich würde, war noch nicht ausgemacht. Aber die Geschichte der Propheten enthielt für mich warnende Beispiele.

7.8   Anvertraut

Der Tag, an dem du Rechenschaft über dein Leben ablegen musst, kann jedoch jederzeit sein. Dein Ende wäre immer auch das Ende der Welt, zumindest für dich. So wollte ich meinen Jüngern nahebringen, dass sie sich vor ihrer persönlichen Endzeit zu verantworten hätten. Die feindseligen Kräfte brauten ihre Verderben bringenden Gegenmaßnahmen. Giftige Brauer waren oft Schriftgelehrte und Mitglieder des Hohen Rates. Sollte ich mein Leben verlieren, wären meine Jünger erst einmal auf sich selbst gestellt. Was würden sie aus dem machen, was sie mit mir in den letzten Jahren erlebt hatten, was sie gehört hatten, was sie erkennen konnten?

„Ein reicher Mann musste für längere Zeit verreisen. Wer sollte in dieser Zeit seinen Besitz verwalten? Er ließ drei Männer rufen, denen er vertraute und teilte sein Geld

auf. Talente nannte man die Währung. Der erste Vertraute erhielt fünf Talente. Das war eine unglaubliche Menge und ein unglaublicher Vertrauensbeweis. Der zweite erhielt zwei Talente. Auch das war eine ganze Menge. Der dritte erhielt ein Talent, was ebenfalls für einfache Menschen viel bedeutet hätte.

Geht gut mit meinem Geld um! Sagte der Mann zum Abschied. Wenn ich wieder komme, legt ihr mir Rechenschaft ab.

Er war sehr lange weg. Man hätte ihn fast vergessen können. Aber seine Vertrauten waren ja da.

Nach langer Zeit kam der reiche Mann zurück und rief seine Vertrauten zu sich.

Der erste offenbarte seine Finanzen: „Du hast mir fünf Talente anvertraut. Ich habe mit ihnen gearbeitet und es ist mir geglückt, sie zu verdoppeln."

Der reiche Mann freute sich: „Das hast du gut gemacht. Auf dich kann man setzen. Ich werde dich für einen großen Bereich zuständig machen."

Dann kam der zweite: „Herr, die beiden Talenten, die du mir gegeben hast, konnte ich verdoppeln!" Dir kann ich vertrauen. Dir werde ich eine große Aufgabe geben!"

Dann erschien der dritte: „Herr, du bist streng. Du willst ernten, was andere erarbeitet haben. Du wirst strafen, wo jemand verliert. Ich habe alles bewahrt, was du mir gegeben hast. Ich habe dieses Talent aufgehoben und kann es dir nun zurückgeben."

Da wurde der Herr ärgerlich: „Du bist faul und schlecht! Du weißt, was ich will und machst nichts? Du hättest es für Zinsen anlegen können, dann wäre es wenigstens ein bisschen mehr geworden, wenn du dir schon sonst nichts zumuten willst!"

Dann wandte er sich an die Umstehenden: „Nehmt ihm alles ab, was er hat. Er soll sein Leben so armselig fristen, wie er ist! Was von ihm übrig blieb, könnt ihr noch unter den anderen verteilen."

Meine Jünger schauten verwirrt. Was wollte ich ihnen damit sagen? Etwas Ähnliches hatte ich ihnen vor dem Weg durchs Gebirge bereits gesagt. Da ging es darum, dass sie durchhalten müssten. Jetzt waren wir in den Konflikten. Ich musste sie darauf bringen, dass jetzt auch lebensentscheidende Situationen kamen. Sie würden merken, dass unser Leben immer wieder in Frage gestellt wird. Dabei sollten sie sich darauf besinnen, was ihnen an Möglichkeiten mitgegeben war. Wenn mein Petrus sich für ein kleines Licht hielt, dann passte es. Aber auch ein kleines Licht kann leuchten.

„Erinnert euch an meine Reden in Galiläa: Ihr seid das Licht der Welt. Wenn eine Stadt auf einem Berg liegt, ist sie nicht versteckt. Man zündet auch kein Lämpchen an, um es unter einen Eimer zu stellen. Das Lämpchen stellst du auf einen Ständer, damit es für alle leuchtet. Ihr seid das Licht, das man sehen soll. Lebt so, dass die Leute merken: ‚Das ist echt gut. So gefällt es Gott.' Dafür musst du kein Märtyrer werden, sondern mit deinen Mitmenschen so umgehen, wie du es von mir gelernt hast."

7.9 Verschlafe den Zeitpunkt nicht!

Wir bewegten uns in einem zunehmend feindseligen Umfeld. Die mächtigen Leute reagierten auf mich. Harte Zeiten kamen auf mich zu, aber ich rechnete damit: Bald ist Schluss mit allem. Da zieht der Vater einen Strich und präsentiert die Rechnung. Das neue Reich bricht bald an. Darauf sollten meine Jünger sich einstellen.

„Rechnet mit dem Reich Gottes: Es ist wie bei zehn Brautjungfern, die sich mit ihren Lampen auf den Bräutigam vorbereiteten. Am Treffpunkt warteten sie auf ihn. Fünf waren etwas leichtfertig, fünf waren vorausschauend. Sie brachten alle ihre Lampen mit, aber nur die klugen Brautjungfern dachten an Ersatzöl in einem Krug.

Der Bräutigam verspätete sich. Die jungen Frauen schliefen ein. Mitten in der Nach ertönte lautes Rufen: ‚Der Bräutigam kommt! Steht auf! Empfangt ihn!' Die Brautjungfern schreckten hoch. Ihre Lampen waren am Ausgehen. Die klugen Mädchen füllten Öl nach, aber die gedankenlosen baten: ‚Gebt uns was von eurem Öl. Unsere Lampen sind leer!' Doch die Vorausschauenden antworteten: ‚Das bringt nichts. Dann verlöschen bald alle. Geht schnell zum Händler und holt Nachschub!' Während die Nachlässigen sich auf den Weg machten, erreichte der Bräutigam den Festsaal. Die Brautjungfern erhoben ihre Lichter und geleiteten ihn in den Hochzeitssaal. Als alle Gäste versammelt waren, verschloss man die Türen. Später kamen die anderen fünf, klopften an der Tür und riefen: ‚Lasst uns rein! Wir gehören auch dazu!' Doch der Herr ließ antworten: ‚Ich habe euch bei meiner Ankunft nicht gesehen. Ihr gehört nicht dazu!' Also, mein Freunde, ich sage euch: Passt auf, denn ihr wisst nicht, wann die entscheidende Stunde kommt!"

Sie blickten sich gegenseitig an. Bräutigam? Dazu gehört die Braut! Braut und Bräutigam? Das kannten sie Bilder dafür, dass der Gesandte des Herrn kommt, dass Jerusalem vorbereitet ist auf das neue Reich? Sollte ich der Bräutigam sein? Sie blickten sich fragend an. Aber es war klar: Ich war hier. Mich hatten sie nicht verpasst. Sie mussten mit etwas anderem rechnen.

Wir mussten uns alle auf das Ende unserer Weltzeit einstellen. Es musste die große Abrechnung kommen.

7.10 Schafe oder Böcke?

Meine Jünger hockten im Halbkreis um mich. Es wurde brenzliger, seit wir in der Hauptstadt, seit wir in der Stadt des Tempels waren.

„Die Entscheidungen fallen jetzt", begann ich, *„Denkt an den Tag, an dem der Menschensohn erscheint. Er wird der große Richter sein. Er sitzt auf seinem herrlichen Thron. Dann erscheinen die Menschen vor ihm, die Völker des Erdkreises versammeln sich. Dann wird er Gut und Böse so klar trennen wie ein Hirte seine Schafe und Böcke. Die Schafe versammelt er rechts von sich und sagt: ‚Euch segnet mein Vater. Euch gehört das neue Reich. Denn ich hatte Hunger und ihr habt mir Essen gegeben. Ich hatte Durst und ihr habt mir zu Trinken gegeben. Ich war ein Fremder ohne Zuhause und ihr habe mir eine Herberge geboten. Ich hatte nichts mehr und ihr habt mir Kleider gegeben. Ich lag krank und ihr kamt zu mir. Ich saß im Gefängnis und ihr habt mich besucht und versorgt.'*

Die Gerechten werden fragen: ‚Wann haben wir dich hungrig gesehen und gespeist? Wann haben wir dich durstig gesehen und getränkt? Wann kamst du als Fremder und durftest bei uns wohnen. Wann warst du nackt und wir haben dich bekleidet? Wann warst du krank und wir haben dich besucht? Wann warst du im Gefängnis und wir haben dich versorgt?'

Der Menschensohn wird antworten: „Was ihr einem der kleinsten meiner Geschwister getan habt, habt ihr mir getan.'

Dann wird er sich an die Böcke zu seiner Linken wenden: „Geht mir aus den Augen. Ihr seid verflucht. Ich war hungrig und ihr habt mir nichts zu essen gegeben. Ich war durstig und bekam von euch nichts zum Trinken. Ich war ohne Heim und fremd und ihr habt mich nicht beherbergt. Ich stand nackt da und ihr gabt mir keine Kleidung. Ich war krank und ihr habt mich nicht aufgesucht. Ich war gefangen und ihr seid nicht zu mir bekommen!'

Die Lieblosen werden protestieren: ,Herr, wann haben wir dich hungrig, durstig oder obdachlos gesehen? Wann warst du nackt, krank oder im Gefängnis und wir haben dir nicht geholfen?!'

Er wird sagen: ,Was ihr einem der Unbedeutendsten nicht getan habt, habt ihr auch mir nicht getan!' Sie werden in die Kälte der Lieblosigkeit geworfen und mit den Zähnen zittern!"

Simon schaute mich mit großen Augen an: „Du kannst einem richtig Angst machen."

Ich schaute ernst zurück. „Nein, Simon. Es geht nicht darum, dass jemand Angst bekommt. Weder du noch ein anderer. Es geht darum, dass du aufwachst und dir jetzt und nicht, bevor es zu spät ist, klarmachst, was du zu tun hast."

„Damit ich nicht in die Hölle komme?"

„Damit du richtig lebst!"

Manchmal war er ziemlich begriffsstutzig. Gut, dass er zu meinen Jüngern zählte. An ihm sah ich, wie leicht ich missverstanden wurde und wo ich noch etwas nachlegen musste.

7.11 Steinigen?

So manche Geschichten erzählten meine Freunde nicht gerne weiter, weil sie sicher ein geteiltes Echo hervorrufen würden. Hier in Jerusalem war das allemal so, weil ich direkt auf meine Konkurrenten beim richtigen Verständnis des Willens Gottes und des richtigen Verhaltens vor seinem Angesicht traf.

Die Leute in Jerusalem erkannten mich oft. So suchte ich die Stille auf. Mangels einer Wüste liebte ich den Ölberg. Wenn ich dann wieder unter die Leute gehen konnte, suchte ich den Tempelplatz auf. Dort kam es auch zu einer Art Eklat.

Den Hintergrund der Geschichte erfuhr ich nie, aber einige sehr schrifteifrige Leute schleppten eine Frau vor mich: „Meister, wir haben sie beim Ehebruch ertappt! Wir haben Augenzeugen dafür! Wir wissen, dass wir Ehebrecher steinigen müssen. Aber sollen wir das wirklich? Was ist deine Meinung?"

‚O ihr Heuchler', dachte ich mir, ‚weshalb bringt ihr mir nicht den Mann her? Wo bleibt seine Verantwortung? Der Mann ist immer der aktive. Also: Wo bleibt eure Aufrichtigkeit?'

Ich schaute die Frau an. In ihren Augen stand wahnsinnige Angst. Kein Wunder, denn bei Ehebruch sind meist die Frauen die Verliererinnen, selbst wenn sie das Opfer sind. Ich denke da auch an meine Vorfahren David und Juda, die für ihren Ehebruch nicht wirklich bestraft wurden. Mich empörten diese Geschichten!

Ich griff zu einem kleinen Stock, der herum lag und zog in den Sand einen Kreis um sie herum. Ich zeichnete eine Art Schutzzone wie den berühmte Kreidekreis, in dem sich das Objekt des Streites befand. Das Objekt war aber die Frau.

Ich stand auf und schaute die Männer an: „Ihr seid aufrechte Männer. Wer von euch ohne Schuld ist, der kann beginnen. Er soll den ersten Stein werfen." Sie schauten sich gegenseitig an. Doch keiner wollte mit seiner Schuldlosigkeit vortreten. Insgeheim wusste jeder, dass er irgendwo Schuld auf sich geladen hatte. Oft genug gingen sie zum Tempel und brachten ein Opfer dar. Für sich opferten sie ein schuldloses Tier. Sollte diese Frau ein Opfer sein, damit sie vor Gott gut dastünden?

Vielleicht dachten sie so. Aber es waren viele. Jeder wusste, dass er in den Augen der anderen verspielt hätte, wenn er sich schuldlos gab, ohne es wirklich zu sein.

Dumm gelaufen! Zu diskutieren gab es nichts mehr. Ich hockte am Boden und spielte mit dem Sand auf Zeit.

Ganz lautlos waren ihre Schritte nicht, als sie sich entfernten. Ich schaute die Frau an, dann schaute ich die Männer an. Nein, das konnte ich nicht. Sie waren gegangen, einer nach dem anderen.

Ich erhob mich und ging in den Kreis zu der Frau, die vor mir zurück wich. „Wo sind denn die Männer, die dich angeklagt haben? Wo sind die, die dich verdammt haben?"

Ihre Stimme zitterte: „Sie sind weg!"

Ich wiegte nachdenklich meinen Kopf: „Dann... ja, dann will ich dich auch nicht verdammen." Ich wollte schon gehen, wandte mich aber noch einmal um und schaute ihr in die Augen: „Ich habe dich nicht gefragt, was passiert ist. Ich will es auch nicht wissen. Aber du weißt selbst, was gut ist und was böse ist, was richtig und falsch..." Sie nickte.

8 Der lange Weg zum Ende

8.1 Freundschaft und Verrat

Wir befanden uns zur richtigen Zeit in Jerusalem. An Passah feiern wir die Freiheit. Die Natur befindet sich in voller Blüte und wir erinnern uns an die Befreiung aus Ägypten.

Noch nach 1200 Jahren lebte die Erinnerung in uns kollektiv weiter. Was war in diesen Jahrhunderten nicht alles geschehen?! Unser Volk war nicht einmal immer in unserem Land gewesen. Die Ruinen des Tempels verfielen auf dem Zion. Die Stadt lag in Trümmern. Doch unser Passahfest feierten wir auch in der Fremde. Welche Zeiten hat dieses Fest überstanden?!

Zwei Tage vor dem Passah genossen wir einen entspannten Abend. Zwei meiner Leute besorgten einen Raum zum Feiern, wo wir uns auf bequemen Polstern lagerten. Alles war bestens, die Bitterkräuter, das frische Brot, das leckere Lamm, die Nachspeise und nicht zu vergessen: der Wein! Was wäre ein festliches Abendessen ohne einen guten Wein?! Bei jedem Gang sprach ich den Segen über den Becher, nach dem Essen eben-falls. Wir feierten zusammen, meine zwölf Vertrauten und ich.

Ich ergriff die Gelegenheit, meine problematische Situation anzusprechen: „Ihr habt es mitbekommen, dass ich mir hier Feinde machte." Petrus nickte: „Die Pharisäer betrachten dich als einen Gottesleugner!" Andreas meinte: „Die Römer schauen misstrauisch, ob du einen Aufstand machen willst." Jakobus wusste: „Die Priester reden viel. Du stellst die Herrlichkeit Gottes in Frage, wenn du so locker mit Vergebung umgehst."

Ich nickte. Sie hatten Recht. „Ja. Es gibt viele Kreise, die mich lieber zurück in Galiläa sähen. Manche sähen mich auch lieber tot als lebendig."

Petrus ereiferte sich: „Wir stehen zu dir! Du bist nicht allein."

Ich betrachtete ihn nachdenklich. „Wirklich? Einer von euch wird mich verraten. Wir essen gemeinsam, aber einer von denen, die hier zulangen, wird mich meinen Feinden ausliefern."

Sie schauten sich gegenseitig an und sie schauten mich an: „Wer sollte das sein? Ich doch nicht!"

„Ich sage euch: Wenn er es getan hat, wird er es nicht aushalten. Er wünschte, nie geboren zu sein."

Gut, dass bald das Essen herein gebracht wurde. Rituell nahm ich das Brot, brach ein Stück davon ab und reichte den Fladen weiter: „Fasst ihn an, als wäre es mein Körper!" Sie nahmen sich ihre Stücke. Dann kam der Wein. Ich sprach den Segen, goss mir ein und gab den Krug weiter: „Nehmt es und trinkt es, als wäre es mein Blut, das fließen wird, weil ich standhaft bleibe." Sie tranken alle den ersten Becher, dann nach der Vorspeise den zweiten, nach dem Lamm den dritten und am Ende den vierten Becher. Ich schaute in die Runde: „Immer, wenn ihr in Zukunft zusammen sitzt und feiert, bin ich bei euch, wenn ihr das Brot miteinander brecht und den Wein trinkt."

Sie blickten verständnislos, rechneten aber damit, dass ich es ihnen irgendwann erklären würde.

Die Gänge konnten wir genießen. Ich wollte mit meine bösen Vorahnungen das Leben feiern. Wenn ich daran denke, was dieser Ex-Pharisäer Saulus aus den

Gedächtnisfeiern gemacht hat: Herzlose Symboltheatralik! Natürlich wurden wir alle satt, aber er ließ, beginnend in der Hafenstadt Korinth mit ihrer sozialen Schere nur die Reichen satt werden, für die Armen musste ein Stück Brot und ein Schluck Wein reichen. Ohnmächtig musste ich dies miterleben. Aber mein Weg ist eben der ohne machtvolles Eingreifen. Inzwischen haben wir das erklärt und zwischen ihm und Judas Ischariot ist auch alles klar. Keiner hält sich für was Besseres.

Wir schlossen mit einem Psalm und gingen Richtung Ölberg. Die Stimmung war bestens, der Wein wirkte und wir sangen unsere Lieder. Drüben beim Garten Gethsemane wurde ich ernsthaft: „Freunde, ihr fandet den Weg mit mir gut. Aber jetzt kommt eine Zeit, wo ihr an mir zweifeln werdet. Ihr kennt das Schriftwort ‚Ich werde den Hirten erschlagen und die Schafe werden sich zerstreuen'. Eine schlimme Zeit wird kommen. Ich bin nicht mehr euer Held. Ich werde wie ein Versager in der Öffentlichkeit da stehen."

Petrus regte sich auf: „Wie kannst du so etwas sagen! Wie ein Mann stehen wir zu dir. Ich gehe mit dir durch dick und dünn. Mögen andere kneifen, ich nicht!"

Ich schaute ihn nachdenklich an: „Petrus, bevor morgen der zweite Hahn kräht, hast du schon dreimal gesagt, dass du mich nicht kennst. Deine Angst wird größer sein als dein Mut."

Petrus lachte: „Nein, Jesus, da kennst du mich schlecht. Ich halte zu dir. Bis in den Tod!" Er verstand nicht, worum es ging. Er glaubte sich. Er log nicht. Aber er ahnte nicht, wie gefährlich es würde. Noch in dieser Nacht!

8.2   Die letzte Chance zu fliehen

Meine Freunde merkten nicht, wie schwer es mir ums Herz war. Als wir den Garten Gethsemane betraten, wies ich sie an, sich auf ein paar Steinen nieder lassen, während ich ins Dunkel, in die Stille ging. Petrus, Johannes und Jakobus nahm ich mit. Ihnen vertraute ich meine Seelenlage an: „Ich könnte heulen. Bitte, bleibt bei mir, bleibt wach. Ich spüre, dass es schlimm wird!"

Ich ging ein paar Schritte zur Seite und ging in die Knie. Nicht demütig, sondern verzweifelt: Ich liebte das Leben, ich wollte nicht sterben! Ich spürte, dass sich unter den Einflussreichen etwas gegen mich zusammenbraute. Wie schnell verschwand eine missliebige Person und tauchte nicht mehr auf. Oder machten jemandem einen Schauprozess und ließen ihn öffentlich sterben . Weil jeder wusste, dass das alles nur Schau war und mit einem echten Prozess nicht zu tun hatte, jagte es allen Angst ein. Das wirkte effektiver, als jemanden nur verschwinden zu lassen.

„Vater!" betete ich, „Abba! Nimm diesen Kelch von mir. Lass mich das tödliche Gift nicht trinken!"

Hilflosigkeit schüttelte mich: „Wenn es sein muss, dann... aber muss es denn sein?"

Aufgewühlt kehrte ich zu meinen Freunden zurück. Sie pennten! Ich rüttelte den verschlafenen Petrus: „Mein bester Freund willst du sein?! Kannst du nicht mal die paar Minuten wach bleiben, wenn es bei mir um Leben und Tod geht? – Ihr könntet doch auch beten statt zu schlafen!"

Ich kehrte ins Dunkel zurück zum Beten. Sollte ich fliehen? Im Schutze der Nacht. Im Dunkeln fände mich niemand. Wenn ich heimlich zurück nach Galiläa gelänge, würden sie mir nicht nachstellen. Dort wäre ich ihnen nicht gefährlich. Ich könnte weiterhin meine Erfolge feiern. Sollte ich diesen Ausweg wählen? Was nützt es, wenn ich sterbe? Es zeigt doch nur ein weiteres Mal, dass die Bösen und die Mächtigen sich durchsetzen!

Aber ich vernahm kein hilfreiches: „Ja, geh doch zurück nach Galiläa. Du kannst noch so vielen Menschen helfen." Der Vater schwieg. Ich war doch nur ein Mensch, in der Krise von Gott verlassen.

Als ich zurückkam, schliefen die Freunde beim Gebüsch: „Ich weiß schon, der Geist ist willig, aber das Fleisch ist schwach. Könnt ihr nicht durch Beten das Schlafen bekämpfen?" Ihr müdes, beschämtes Nicken war hilfloser guter Wille. Die Augen fielen ihnen immer wieder zu.

Ich ging ein drittes Mal in die Stille zu meinem Vater. Ich hätte heulen können, aber das hatte ich schon hinter mir.

Als ich zu meinen Gefährten in der Gefahr zurückkehrte, schliefen sie tief und fest. Ich hätte heulen können, aber das hatte ich schon hinter mir.

Ob der himmlische Vater oder die irdischen Freunde: Ich fühlte mich allein und verlassen. Sarkastisch weckte ich die Genossen: „Na, ist es schön, ein Schlümmerchen zu machen? Aber Schluss damit! Jetzt ist die Stunde gekommen. Der Menschensohn wird den Sündern ausgeliefert, der Richter den Angeklagten! Gehen wir zurück. Mein Verräter kommt schon!"

Sie blickten schuldbewusst, aber verständnislos. So kehrten wir zu meiner Gruppe zurück.

8.3 Gefangen

Wir standen zwischen den Bäumen beieinander, im gespenstischen Licht des hellen Mondes und redeten. Einer hob die Hand: „Ich höre etwas!"

Wir lauschten. Schritte näherten sich. Es klirrte wie Metall. Das Mondlicht leuchtete fahl und braun beim ersten Vollmond seit der Tag- und Nachtgleiche. Der Mond schien zu bluten, wie er es tut, wenn der Vollmond zur Zeit des Sonnenuntergangs in unseren Landen erscheint.

Bewaffnete Männer schälten sich aus dem Dunkel des Weges. In ihrer Mitte entdeckte ich Judas. Er war also nicht mit uns gekommen, obwohl wir unter dem Segen des Vaters miteinander das Passah gefeiert hatten. Er musste nach dem Essen zu meinen Feinden gegangen sein. Hatte ich ihn entmutigt? Glaubte er nicht mehr, dass ich die Macht der Befreiung besäße?

Judas trug sein Kurzschwert, seine Sica. Er wäre auch gern in den bewaffneten Befreiungskampf eingetreten wie Simon, der bei den Zeloten war. Aber alles war so instabil. Er, der in unserer Muttersprache den Namen Juda trug, hatte seine Hoffnung auf mich gesetzt. Wir hatten oft darüber gesprochen, was er vom messianischen Reich erwartete. Er wollte nicht wahrhaben, dass ich den Weg der Niedrigkeit ginge. Er dachte, irgendwann müsste ich doch Soldaten rekrutieren und mit ihrer Hilfe der neue König werden. Unser Gespräch war noch nicht zu Ende. Aber unsere Geschichte offenbar, denn er hatte sich umorientiert.

Ihn bei meinen Feinden zu sehen schmerzte mich, denn ich mochte ihn. Ich schätzte seinen direkten Charakter. Er wollte das Beste – aber wir hatten nicht dieselbe Vorstellung vom Weg zum Besten. Er wollte die Freiheit. Er war Idealist. Eigentlich wie ich.

Die Männer, die ihn begleiteten, waren bewaffnet. Ich konnte sie nicht gut zuordnen. Reguläre römische Soldaten waren es auf alle Fälle nicht. Sie wirkten eher wie militärische Diener, die die Priester unterhielten. Zwischen etlichen bewaffneten Leuten erkannte ich einige Gesetzeslehrer. Hinter der Aktion steckten religiöse Gruppen.

Judas kam auf mich zu und umarmte mich in vertrauter Weise. Er gab mir den Begrüßungskuss.

„Verrätst du mich mit einem Kuss?"

Mit der Umarmung hatte er gezeigt, dass ich der Chef war, sein Meister, sein Lehrer, der Rabbi aus Galiläa. Grob ergriffen mich ein paar kräftige Gestalten. Meine Begleiter setzten sich zur Wehr. Es gab Rangeleien. Ich erkannte nicht, wer hier mit wem kämpfte.

„Ihr Feiglinge! Jeden Tag habt ihr mich gehört und gesehen, wie ich gesprochen habe, wie ich den Tempel besucht habe. Habt ihr mich da gefangen genommen? Nein? Das habt ihr euch wohl nicht getraut. Ihr konntet sicher sein, dass sich die Menge gegen euch richtet. Jetzt, nachts, wo euch niemand beobachtet, kommt ihr wie Räuber, wie Verbrecher!"

Ich schaute sie herausfordernd an, aber sie lachten nur dreckig, denn das Recht war auf ihrer Seite, denn das Recht heißt nach wie vor Gewalt. Angesichts der Übermacht verschwanden meine Freunde in der Dunkelheit. Das hätte ich ihnen auch geraten. Warum sollte sich einer unnütz opfern! Ich war mir ja bei meinem eigenen Opfer nicht klar, was es bringen könnte.

8.4   Angst oder Standhaftigkeit?

Sie schleppten mich ab, aber ich war nicht ganz verlassen. Mein Freund Simon, den ich zuversichtlich „Petrus" genannt hatte, schlich uns hinter den Büschen und Hausecken nach. Er beobachtete, wie man mich in den Palast des Hohenpriesters führte. Er drückte sich im Schutze der Wand mit in den Hof. Dort hockten Knechte am Feuer. Er gesellte sich dazu.

Eine Magd schaute ihn an: „Bist du nicht einer von der Gruppe? Gehörst du nicht zu diesem Galiläer?"

Petrus schüttelte den Kopf: „Ich weiß nicht, was du meinst." Er verzog sich aus dem Schein des Feuers in den Schatten. In der Ferne krähte ein Hahn.

Die Magd aber sprach zu den Umstehenden: „Der gehört dazu!" Eine waschechte Denunziantin. Das „ich will nichts gesagt haben" stand in ihren sensationsgeilen Augen.

Wenig später brummte einer von den Knechten: „Du bist doch auch ein Galiläer!"

„Verdammt!" schrie Petrus, „ich will verflucht sein, wenn ich den kenne. Ich schwöre, ich habe mit der Sache nichts zu tun."

Ein junger Mann musterte ihn: „Dich habe ich bei diesem Rabbi gesehen!"

Petrus schüttelte sich unwillig: „Bei Gott, mit dem habe ich nichts zu tun!"

In der Ferne krähte ein Hahn. Da spürte Petrus, dass er doch etwas mit mir zu tun hatte. Er erinnerte sich an unser Gespräch. Nun hatte er mich mehrfach verleugnet, bevor der zweite Hahn krähte. Verzweifelt verließ er den Hof, stellte sich an die Wand und weinte bitterlich. Was war nur aus seiner Freundschaft geworden?! Er hatte versagt. Er hatte seinen besten Freund verleugnet!

8.5 Gottes Bote oder Gotteslästerer

Als sie mich abführten, wusste ich nicht, was kommt. Ich dachte an eine Zelle, ich fürchtete Folterungen, ich zitterte vor unauffälligem Verschwindenlassen. Aber es kam anders. Sie brachten mich in den Palast des Hohenpriesters. Da in der Nacht keine wichtigen juristischen Sachen erledigt wurden, warf man mich bis zum Morgen in eine Kammer.

Rüde Knechte weckten mich. Zimperlich ging es im Palast des religiösen Führers meiner Religion nicht zu. Sie schleppten mich in einen großen Raum. Da schien alles versammelt, was Rang, Namen und vor allem Macht hatte. Sie nannten es Sanhedrin, nahmen einen griechischen Begriff für die zentrale Instanz des jüdischen Lebens. Entsprechend dominierten die machtpolitischen Interessen beim „Hohen Rat".

Mehr rhetorisch fragten sie, wie ich zu den Propheten stünde und zu den Gesetzen des Mose.

Einer hetzte: „Den Tempel wollte er zerstören."

Ein anderer ergänzte höhnisch: „Ja, und in drei Tagen wieder aufbauen!"

Wie sollte ich reagieren? Damals hatte ich über meinen Tod gesprochen, von meiner Hoffnung, die über den Tod hinausging. Ich hatte meinen Körper mit dem Tempel verglichen. Aber sie interessierten weder Erklärungen noch Diskussionen, sie wollten mich einfach fertig machen und zwar so, dass sie sich dabei gegenseitig bestätigen konnten, wie recht sie hatten.

Was sollte ich da sagen?

Der Hohepriester baute sich vorne auf: „Dir wird so viel vorgeworfen! Verteidigst du dich nicht?"

Was sollte ich schon sagen.

Da wurde der Hohepriester direkt: „Bist du der Messias? Bist du der Sohn des Hochgelobten?"

Ich wusste, worum es ihm ging: Es gibt nur Jahwe, dessen Namen nicht genannt werden darf. Es gibt nur den Hochgelobten. Er verträgt keine Konkurrenz. Mir schoss durch den Kopf: Und seine Vertreter im Tempel vertragen auch keine Konkurrenz!

Doch wir waren alle Juden. „Sohn" meinte niemand hier im familiären Sinn. Die griechischen oder römischen Vorstellungen von Göttersöhnen waren uns fremd. Es ging um die Stellung, die ein Sohn haben kann: Er kann den Vater rechtlich vertreten.

Ich blickte ihn an, ohne mit den Wimpern zu zucken: „Du hast recht! Ihr werdet es sehen: Der Menschensohn, der zur Rechten des Hochgelobten sitzt, wird kommen, mit den Wolken des Himmels!" Das konnten sich alle vorstellen. Es machte ihnen Angst. Und es brachte sie in Rage.

Der Hohepriester zerriss empört seine Kleider und zeigte damit, dass der letzte Vorhang gefallen war: „Wir brauchen keine Zeugen! Das ist Gotteslästerung pur. Aus seinem Mund! Was bedeutet das?!"

„Tod!"

Ich weiß nicht, wer es als erstes sprach, aber das Wort beherrschte den Raum. Es klang wie ein Todesurteil. Dazu freilich bedurfte es der wahren Herrscher. Der Hohepriester agierte politisch wie eine Marionette. Bei der Todesstrafe war er von den Besatzern abhängig. Jetzt brauchte man die Römer. Denen musste man Aufrührer ausliefern. Das wäre ein zielführendes Vorgehen.

Er wollte nicht nur, er musste mich ausliefern. Die Indizien, ich sei ein Aufrührer, beunruhigten den machtbewussten Mann zu sehr. Mit den Römern wollte er es sich nicht verderben.

„Er muss sterben!" bekräftigte er folglich.

Das Synhedrion geriet in Aufruhr und die Beteiligten riefen durcheinander: „Schuldig!" „Er muss sterben!"

Jetzt zeigten sich die Kleingeister der großen Männer. Einige drängten sich zu mir und spuckten mich an. Verächtlich! Doch wer einen Wehrlosen anspuckt, beschmutzt sich selbst. Einer hielt mir von hinten die Augen zu. Dann spürte ich einige Faustschläge. Als man meine Augen wieder frei gab, ertönten hämische Fragen: „Nun, du Geliebter des Allerhöchsten, sage uns doch, wer dich geschlagen hat!"

Diese Bosheit zieht sich durch alle Zeiten. Wie oft musste ich so etwas in den folgenden Jahrtausenden beobachten, oft genug von Menschen, die sich auf mich beriefen. Wäre ich ein Gott der Blitze, wäre diese Erde verbrannt. Kein Ort, wo eine solche Menschenlästerung nicht stattfand. Ich war ein Mensch. Manche, ja viele sagen, ich wäre Gott. Dann aber ist eine Menschenlästerung Gotteslästerung.

Jetzt freilich stand dieser „Gott" ganz armselig da und musste sich wehrlos ins Gesicht schlagen lassen. Das tat höllisch weh. Zur Hölle mit ihnen!

Meine ich das wirklich?

Ich bin auch nur ein Mensch.

8.6 In den Mühlen der Macht

Der Präfekt von Judäa sollte das Urteil fällen. Kaiser Tiberius in Rom ging mit seinen Gegnern und denen, die man dafür hielt oder diffamierte, rabiat um. Das lag in seiner kaiserlichen Familie. Darin offenbarte sich kein genetisches Phänomen, denn die Familie bestand vorwiegend aus Leuten, die aus dynastischen Gründen adoptiert wurden. Macht und Machterhalt war der Lebensinhalt dieser Leute. Darum drehte sich alles und darum ging es natürlich auch dem Präfekten von Judäa. Dass bei so etwas Gerechtigkeit und Wahrheit auf der Strecke blieben, versteht sich von selber.

Pontius Pilatus hielt sich schon lange als Präfekt, ohne sich allzu zimperlich zu zeigen. Bei den Samaritern griff er mit harter Hand durch, wenn er einen Aufruhr befürchtete. Hier in Jerusalem hatte er Pilger umbringen lassen. Man erzählte, dass sich ihr Blut mit dem ihrer Opfertiere mischte. Ich selbst hatte diese Geschichte aufgegriffen, um deutlich zu machen, dass die Opfer dieser Gewalttat keine schlimmeren Sünder gewesen waren als die, die nicht zum Opfer wurden. Ich wollte diesen direkten Zusammenhang „Du bist böse – Gott straft dich" und „Weil du etwas Böses erleidest, zeigt sich, dass Gott dich straft" zerbrechen. Jetzt war ich selbst in der Situation, wo Leute behaupteten: Wenn er so etwas Schlimmes erleidet, muss es eine Strafe Gottes sein; denn einen Gerechten würde Gott vor solchem Leiden schützen. Würde er? Ich wusste: Nein! Nicht einmal die väterliche Liebe reichte zu einem rettenden Eingreifen! Dieser Mangel lag weniger an meinem himmlischen Vater als an den märchenhaften irdischen Vorstellungen, wie Gott zu sein hätte. Doch zurück zu Pontius Pilatus.

Zwar residierte Pilatus in Cäsarea, aber natürlich ließ er sich auch in Jerusalem sehen. In dieser unruhigen Provinz war Präsenz überlebenswichtig.

Nun lieferte mich das Synhedrion dem Präfekten aus. Vermutlich hatte er von mir gehört. In der Öffentlichkeit galt ich etwas. Viele Menschen waren zu mir geströmt. Bei ihnen genoss ich einen guten Ruf. Das mahnt einen gewieften Politiker zur Vorsicht.

Freilich führten sie mich nicht als religiösen Fanatiker zu ihm. Zielgenau kolportierten sie ihm politische Vorwürfe. Aus dem „Messias" oder „Sohn Davids" machten sie zur besseren Verständlichkeit für den Ausländer einen „König". König bedeutete Konkurrenz. Da würde er genauer hinschauen als bei einem religiösen Spinner.

Er fragte entsprechend: „Bist du der König der Juden?" Was für eine Frage?! König? „Nein". Ich wusste: Wenn ich „Ja" sagte, könnte er mich für einen Spinner halten. Trotzdem antwortete ich ihm unverblümt: „Du sagst es!"

Was für ein Brennstoff für das Feuer meiner Ankläger! Sie unterfütterten auch die Vermutung, ich würde zum Umsturz aufrufen. Pilatus kannte die Ränkespiele der Macht. Er konnte sich vorstellen, was hier abging und es war ihm auch egal, wer Recht hatte oder nicht. Er wollte möglichst wenige Schwierigkeiten haben.

„Hörst du ihre harten Vorwürfe? Hast du dazu nichts zu sagen?" wandte er sich an mich.

Nein, ich hatte nichts mehr zu sagen.

Ich spürte, dass die Sache gelaufen war. Aber mit den Finessen eines Machtpolitikers war ich nicht vertraut. Ganz jovial sagte er zu den Umstehenden: „Lasst uns das Volk entscheiden. Die Leute haben ein Gespür dafür, was stimmt!"

Mit meiner Erfahrung stimmte das damals nicht überein und auch heute nicht. Die Leute sind dumm, selbstsüchtig und vergesslich. Auf sie darfst du nicht bauen.

Von dem Palast des Präfekten blickte man auf einen großen freien Platz. Selbstverständlich wohnte ein Repräsentant des Kaisers in einem imponierenden Ambiente. In Kürze würde er vor das Volk treten. Er zeigte sich gerne und sorgte für positive Reklame, diesmal mit mir. Die Begeisterung bei meinem Eintreffen in Jerusalem hatte man ihm zugetragen. Wenn ich viele Anhänger hätte, könnte er sich beliebt machen. Er war Politiker. Er war am Erfolg orientiert. Mich konnte er als Spielball benutzen.

Er trat auf seine Balustrade. Die Soldaten salutierten, das Volk blickte hoch und der Präfekt grüßte mit „Salve, Tiberie!"

„Männer von Jerusalem! Diesen Mann hier…" er deutete auf mich, „hat man gefesselt zu mir gebracht. Er behauptet, euer König zu sein. Was sagt ihr: Soll ich ihn freilassen?"

Warum auch immer, die Stimmung auf dem Platz kippte gegen mich. Lag es daran, dass Pilatus als Vertreter der feindlichen Römer für mich Partei ergriff?

„Ans Kreuz mit ihm!" erklang eine Stimme. Die Stimmung stieg: „Jawohl, kreuzige ihn!"

„Euren König?" Machte sich Pilatus über mich lustig? „Aber ihr nennt ihn doch Bar Abbas, den Sohn des Vaters. Ihn könnt ihr doch nicht..."

Die Stimmen schwollen an: „Ans Kreuz mit ihm!"

Pilatus blickte sich ungläubig um. Das konnte er nicht nachvollziehen. Aber was sollte es?! Wenn er den Leuten einen Gefallen tun konnte, dann tat er es. Auch der Kaiser ließ Spiele fürs Volk veranstalten, bei denen Menschen gehetzt wurden. Brot und Spiele. Diesmal sollte mit mir gespielt werden. Ich wurde zum Spielball der Macht zur Belustigung des Volkes.

Also schickte Pilatus mich in die Keller. Dort wurde ich gegeißelt. Ich litt furchtbar. Die Peitschen rissen meinen ganzen Rücken auf. Höllische Schmerzen ohne Hoffnung auf ein Ende. Kannten sie keine Grenzen? Soldaten sind Sadisten, sie kennen keine Grenzen. Sie genießen ihre Macht. Wenn sie dasselbe machen würden, ohne Soldaten zu sein, gäbe es härteste Strafen. Aber hier bist du außerhalb der Kontrolle weltlicher Gerichte. Je höher du aufsteigst, umso unverwundbarer bist du gegenüber Justitia, nicht nur bei den Militärs.

Es gibt einen guten Grund, weshalb die Menschen auf ein jüngstes Gericht hoffen. Und es gibt einen guten Grund, weshalb die Mächtigen darüber lachen: Wo gibt es ein Anzeichen dafür, dass irgendeine Macht sich für Gerechtigkeit stark macht?

Dann schleppten mich die Soldaten ins Prätorium. Die ganze Kohorte erschien. Ein Volksfest für die Soldateska. Menschen können so entwürdigend sein, dass sie ihr Menschsein verlieren.

Mit mir trieben sie ein übles Spiel. „O, du König der Juden!" ertönte es spöttisch und sie verpassten mir einen Umhang wie aus Purpur. „Hier, du sollst eine Krone tragen!" Sie setzten mir eine Krone auf. Sie hatten sie ganz gemein aus Dornen geflochten und drückten sie so fest, dass die Dornen in die Haut eindrangen. Es schmerzte höllisch. Das Blut floss mir auf die Stirn.

Dann flanierten sie höhnisch vorbei: „Salve! Rex Iudorum!" Sie schlugen mir mit einem Stock auf den Kopf: „Wir ehren dich!" Spucke flog mir ins Gesicht. Ein Bursche hielt mir die Augen zu und ich spürte erneut Spucke auf meinen Wangen. Er nahm seine Hand weg: „Nun, o du König der Wahrheit: Wer hat dich denn angespuckt? Das wirst du doch wissen?" Das war wie beim Hohenpriester. Steckten die Kerle zusammen?

„Schluss!" befahl einer, „Ab in den Kerker!" Eilig änderten sich die Mienen. Schnell zogen sie den Königsumhang weg und warfen mir meine Fetzen über. Dann führten sie mich aus dem Palast. Ich wusste: Das Ende ist gekommen.

Sie führten mich ins Gefängnis. Morgen ginge es an den Galgen.

In der Nacht, mit schmerzendem Rücken und Kopf, konnte ich viel nachdenken. Ich spürte: Diese Dornenkrone, die passt zu dir. Durch sie bekommst du die Demütigung körperlich zu spüren. Damit gehörst du nicht zu den Demütigen, sondern zu den Gedemütigten. Ja, deshalb wurde ich Mensch.

8.7   Gott und Galgen

Es krähten mehr als zwei Hähne, bis ich meinen letzten Gang antreten konnte. Den Balken meines Kreuzes legten sie mir auf den gegeißelten Rücken. Die aufgerissene Haut brannte wie Feuer. Unbarmherzig häuften die Soldaten Qualen und Demütigungen. Die erfahreneren unter ihnen erkannten, wenn es nicht mehr ging. Sie sollten mich kreuzigen, ich durfte nicht vorher sterben, auch nicht eine Stunde vorher.

Darum zwangen sie einen von den Gaffern, mein Kreuz mit zu tragen. Simon von Kyrene hieß er. Heute noch kennt man den Namen des Libyers, weil seine beiden Söhne Alexander und Rufus sich später meinem Jüngerkreis anschlossen.

Wie schön lenken solche „Trivia" von dem ab, was einem Angst machen kann. Jetzt ging ich auf das gar nicht Triviale zu. Was machst du, den qualvollen Tod vor Augen? Schaust du, ob du eine Lücke zwischen der gaffenden Menge entdeckst, durch du die fliehen kannst? Hoffst du darauf, dass im letzten Moment ein

Bote des Kaisers auf einem rassigen Pferd herbeigaloppiert, um dich zu begnadigen?

Mein steiniger Weg führte hinauf zum Felsen Golgatha, zur Schädelstätte. Der Felsen glich einem Totenschädel.

„Komm, trink das!" Ein Soldat reichte mir Myrrhe mit Wein gemischt. Das könnte ein bisschen betäuben. Zeigte er seine fürsorgliche Ader? Aber ich wusste: Das will ich nicht. Ich will es voll erfahren. Fast hätte ich gesagt: Du stirbst nur einmal. Tatsächlich fühlte ich: Ich will jetzt ganz präsent sein. Es ist mein Leben und es ist mein Tod. Da brauchte ich keine Drogen. Solange ich Schmerzen spüre, lebe ich noch. Zumindest dachte ich das noch am Morgen gegen neun. Die Sonne stand schon ein Viertel am Himmel.

Meine armseligen Kleider hatten sie mir abgenommen. Die sollten verteilt werden. Was gab es Besseres, als zu würfeln?! Der Würfel ist gefallen! Wenn einer meiner Kleider bekäme, wäre ich doch noch zu was nütze. Das war ja das einzige, was man von mir recyclen konnte.

Ich war in den Händen von Soldaten. Soldaten sind schlimm. Denen lässt man das Unmenschliche durchgehen, wenn es „im Dienst" geschieht. Sie sollten als private Leute nicht handeln wie als Soldaten. Dann ging es ihnen schlecht. Dann würde man sie so behandeln, wie sie waren: als Verbrecher. Ich war den Händen von Verbrechern ausgeliefert. Sie lachten, wenn sie mich und die beiden anderen herumstießen. Derbe Scherze kamen über ihre Lippen, als sie die Nägel durch meine Hände trieben.

Sie kreuzigten mich. Ich kann es nicht schildern, so grauenhaft war es. Ich hatte die Betäubung abgelehnt. Jetzt lernte ich die Tiefe des Schmerzes kennen. Es reichte nicht, um mich ohnmächtig werden zu lassen, aber es trieb mich fast in den Wahnsinn. Ich schrie! Die Nägel wurden in meine Hände gebohrt, die Nägel wurden in meine Füße gebohrt. Es schmerzte höllisch.

Indianer kennen keinen Schmerz. Aber Menschen!

Wer mich sah, sollte abgeschreckt werden! Alle potentiellen Terroristen sollten erschaudern. Für die anderen wurde ich gedemütigt mit diesem öffentlichen Leiden, das man anglotzen konnte.

Weshalb ließ ich das mit mir machen? Ich hätte doch fliehen können. Vor kurzem noch. Im Dunkel der Nacht. Jetzt war es zu spät. Ich konnte allem nichts mehr abgewinnen. Wie sollte ich hier auf die schöne Seite des Lebens schauen? Wenn ich mich umschaute, war ich nicht allein. Mich, den Terroristen aus Galiläa und zwei Schwerverbrecher schenkte man den Gaffern zur gruseligen Belustigung. Es war ein Volksfest. Als die Christen, meine angeblichen Nachfolger, die Machtpositionen besetzten, veranstalteten sie auch solche Volksfeste. Dabei sind die Gaffer nicht weniger beteiligt wie die Henker.

Oben am Kreuz befestigten die Milites ein Schild mit dem Schuldspruch. Da Jerusalem international war, schrieben sie meine Schuld dreisprachig auf, hebräisch, griechisch und lateinisch: Jesus von Nazareth, König der Juden. Auf Latein also Iesus Nazarenus Rex Iudaeorum. Mein Todesurteil. Als ob ich jemals König sein wollte! Aber dem Kaiser in Rom würde es gefallen, wenn man einen Usurpator hinrichtete. Punkte für Pilatus!

Dass es charakterlose Menschen gibt, weiß man. Ich spürte es besonders. Nicht als erster, nicht als letzter, aber als ich. Meine Hinrichtung besuchte die Menge als ein Spektakel. Menschen lieben es, andere leiden zu sehen. Besonders witzige Zeitgenossen schauten mich gespielt ungläubig an: „Hast du nicht gesagt, du brichst den Tempel ab und baust ihn in drei Tagen wieder auf? Wenn du das kannst, steig einfach vom Kreuz herunter!"

Einer von den Schriftgelehrten rief: „Hast du nicht Tote auferweckt? Dann hilf dir doch selbst einmal!"

Bitter, wenn man so einem nicht mal eine Ohrfeige geben kann. Wer kommt eigentlich auf die absurde Idee, dass Gott so etwas rächt? Wenn jemand gefragt hätte: Wo bleibt Gott?! Dann hätten die Steine geflüstert: „Schau hin! Da hängt er! Das ist die Macht Gottes! Sie vermag nichts gegen die Bosheit des Herzens!"

„Bist du der Messias? Dann steig vom Kreuz und wir werden an dich glauben!" Sie knufften sich und lachten aus vollem Herzen über ihren tollen Witz.

„Man sagt, du bist Gottes Sohn! Dann soll er doch seine Engel schicken und dich retten!"

Tut mir leid, aber auch nach 2000 Jahren habe ich das noch nicht vergessen. Ich nehme es nicht nur den Spöttern unter dem Kreuz übel, sondern ich nehme es allen Menschen übel, die so denken, handeln, reden. Ich würde sie am liebsten alle bloßstellen. Aber wer sollte verächtlich auf sie zeigen? Dafür blieben doch bloß die wirklich anständigen Menschen übrig. Und die wären sich zu gut dafür. Nein, das klingt falsch, sondern: Es wäre ihnen peinlich, sich so zu benehmen.

Ich litt furchtbar. Meine Wunden schmerzten grausam, die Lästerungen stachen ins Herz, ich hielt es nicht mehr aus und musste es doch ertragen. Keine Drogen und keine Ohnmacht! Warum kam mir Gott nicht zur Hilfe? Wo blieb mein Vater? Es musste doch etwas geschehen!

Es geschieht nie etwas. Nicht bei den Kreuzigungen der Sklaven in Rom, nicht beim Niedermetzeln des Nachbarstammes in Zentralafrika, nicht beim Massaker des chinesischen Kaisers, nicht bei der Vernichtung der Katharer durch meinen Stellvertreter, nicht im Dreißigjährigen Krieg, nicht bei den Massakern der Azteken, nicht bei Katharina der Großen, nicht bei... ich kann und will sie nicht aufzählen, weil ich auch niemand auslassen will. Hier habe ich keine Angst, jemand falsch zu beschuldigen. Hier habe ich Bedenken, ob ich jemanden nicht beschuldige und damit seine Opfer verdränge. Es geschieht nichts. Die Mächtigen wüten ungestraft – lediglich gegenseitig strafen sie sich mitunter, aber auch nicht der Gerechtigkeit wegen.

Ich hing schon sechs Stunden am Kreuz. Der prallen Sonne ausgeliefert. Mein Blut zirkulierte nicht mehr richtig. Die Beine schwollen an. Mein Herz konnte nicht genug pumpen. Bald würde ich ersticken. Nein, niemand sollte diese Qualen lesen, nicht die Einfühlsamen und nicht die voyeuristische Masse.

„Mein Gott, mein Gott, warum hast du mich verlassen?!" „Eli, Eli lama asabachtani!" Hatte der Beter jenes

Psalms ähnliche Erfahrungen gemacht? Wenn die Menschen dich niedermachen, steht dir Gott nicht bei!

Einige verstanden es falsch: „Er ruft nach Elia! Er ruft den letzten Tag!" Einer rannte weg, tauchte einen Schwamm in Essig, steckte ihn auf einen Stock und hielt ihn hoch zu mir. Der Essig sollte wohl meine Schmerzen betäuben. Ich schlürfte, aber ich litt.

Sein Nachbar lachte: „Lass das! Wir wollen doch sehen, ob Elia kommt und ihn vom Kreuz holt!"

Dann versagt meine Erinnerung. Ich schrie. Ich schrie. Mein Schrei erfüllte mein Universum. Dann war es schwarz, still... Ach was, das stimmt nicht! Ich nahm gar nichts wahr. Die Leute sahen meine leeren Augen. Es gab mich nicht mehr.

Schwarz!!!

8.8   Tod – ja, ich starb

Tod – ich habe ihn nicht erlebt, denn ich starb...

9 Alles neu!

9.1 Zeugenberichte

Jetzt war ich kein Augenzeuge mehr:. Ich war tot. Den Kontext können nur andere erhellen. Angeblich zerriss der Vorhang im Tempel von oben bis unten. Das deuteten sie: Jetzt war Gott zu sehen. Später meinten meine Leute: Als ich tot am Kreuz hing, war Gott zu sehen.

Fasse, wer es fassen kann.

Erklärende Formulierungen fehlten ihnen. Jetzt waren sie fassungslos.

Neben dem Kreuz stand ein römischer Hauptmann. Angeblich sagte er: „Wahrlich, dieser Mensch ist Gottes Sohn gewesen!" Hat er etwas gecheckt? - Aber was?

Die Frauen muteten es sich zu, Zeuginnen zu sein. Maria Magdalena schob sich vor die Menge, auch Maria, die Mutter von Jakobus und Salome kamen näher, und... meine Mutter. Sie war noch keine fünfzig und musste ihr Kind sterben sehen.

Gut, dass meine Brüder unauffällig in der Nähe waren. Sie würden sich um sie kümmern. Aber erst einmal mussten sie schauen, dass sie nicht in diesen verderblichen Strudel um meine Verhaftung und Hinrichtung hineinkämen. Immerhin galt ich als Terrorist. Man traute mir zu, den Kaiser zu bekämpfen. Das könnte für meine Freunde, aber auch für meine Familie gefährlich werden. Die Frauen hatten den Vorteil, dass man sie nicht so ganz ernst nahm. Das war sonst erniedrigend, hier aber sehr günstig.

Es wurde Abend. Der Sabbat nahte. Der beginnt bei uns bekanntlich mit dem Sonnenuntergang. Am Sabbat sollten keine Toten am Kreuz hängen. Einer meiner heimlichen Anhänger wagte es, für mich, für meinen Leichnam einzutreten. Joseph von Arimathäa, ein Pharisäer und Ratsherr wandte sich an Pilatus, um mich unserer Sitte nach zu bestatten.

Pilatus zeigte sich überrascht, dass alles so schnell gegangen war. Aber nachdem er die Lage geklärt hatte und sein Hauptmann mit einem Lanzenstich meinen

Tod bestätigt hatte, überließ er Joseph die Bestattung. Er wollte jede Unruhe im Volk vermeiden. Über das Passahfest durfte man keine Toten öffentlich sehen!

Die Bestattung war aufwändig, da die Berührung mit Toten verunreinigt und das so kurz vor dem Fest problematisch wurde. Joseph besorgte Tücher und ließ mich vom Kreuz nehmen.

Nahe bei Golgotha gibt es Gräber. Joseph besaß eines, das frisch geschlagen war. Dorthinein ließ er meinen Leichnam legen. Zur Sicherheit verschloss man das Grab mit einem riesigen Stein. Es sollte ja nichts passieren. Was wäre gewesen, wenn mein Leichnam gestohlen würde? Vielleicht hätte jemand behauptet, ich wäre auferstanden. Aber das war sein geringstes Problem. Er wünschte eine würdige Bestattung.

Die Grablegung beobachteten einige der Frauen, Maria Magdalena und Maria, die Mutter des Joses. Sie merkten sich die Stelle meiner Bestattung genau. Denn dorthin könnten sie, wenn sie trauern wollten.

9.2   Verstörende Begegnungen...

Wie soll ich das nächste erzählen? Bisher konnte sich jeder im Prinzip in mich hineinversetzen. Wir bewegten uns im menschlichen Alltag. Aber was jetzt kommt, setzt meinen Tod voraus. Wie soll das jemand verstehen, der den Tod noch vor sich hat. Ich erzähle in menschlicher Sprache, aber ich beziehe mich auf Erfahrungen, die sich dieser Sprache entziehen.

Ein Tag lang geschah erst einmal nichts. Es war Sabbat und für meine Freunde lebten wie in Quarantäne: Du darfst dich nur begrenzt bewegen und Grabstätten sind tabu.

Ich merkte nichts, spürte nichts, es gab mich nicht.

Tags darauf wollten meine Freundinnen mir die letzte Ehre erweisen. Also gingen Salome, Johanna, Maria (Jakobs Mutter) und meine Maria aus Magdala beim Krämer vorbei und kamen mit parfümierten Salben zum Grab. Wie kämen sie aber zu meinem Leichnam? Ein Stein verschloss das Grab. Wer könnte ihn zur Seite wälzen?

„Das Grab ist offen!"

Maria deutete auf den Stein: Er lag neben dem Grab. „Mein Gott, was ist passiert?"

„Ist uns jemand zuvor gekommen?"

Der der Eingang stand offen. Zögernd gingen sie hinein.

„Wo ist der Herr?"

„Da liegen seine Tücher!"

„Er kann doch nicht verschwunden sein! Er war doch tot!"

„Hat jemand den Leichnam gestohlen?"

Sie schauten genauer in die ausgeschlagene Nische, in die der Leichnam gelegt wurde. Aber sie war leer bis auf ein paar Stoffteile.

„Was ist da passiert?!!!"

Entsetzt verließen sie die Kammer. Sie eilten zum Treffpunkt aller Jünger. Dazu mussten sie durch den Garten und sahen eine Gestalt. Die Gestalt und die Vier kamen sich näher. Die Frauen kamen mir näher.

Aus ihren Augen schaute Angst und Verunsicherung. Ich sah ihre verstörten Mienen und ging auf sie zu: „Shalom!"

Als sie mich wahrnahmen, glaubten sie ihren Augen nicht. Ich ließ ihnen Zeit, sich von dem Schock zu erholen. Dann wies ich sie an, zu den anderen zu gehen und von ihrer Begegnung zu erzählen. Ich würde mich bei den Jüngern melden. Alle in meiner Gruppe sollten erleben, dass ich nicht tot war. Ich käme zu ihnen.

Dann entfernte ich mich. Als ich mich nach einiger Zeit umdreht, standen sie immer noch wie versteinert da. Plötzlich aber kam Leben in sie. Sie redeten aufgeregt miteinander. Dann eilten sie zu ihrer Gruppe, um alles zu erzählen.

Was konnten sie denn erzählen? Ich rede wie von einer üblichen Begegnung. Die war es aber nicht. Schließlich war ich nicht scheintot gewesen. Die römischen Soldaten hatten überprüft, ob es wirklich mit mir zu Ende war. Mein Blut begann bereits, sich zu zersetzen. Ich wurde auch nicht reanimiert. Es war überhaupt nicht so, als würde mein Leben quasi wie ohne Tod weitergehen. Es war alles anders.

Dennoch konnten sie bei dieser „Begegnung" meine Gegenwart spüren. Gemeinsam erkannten sie, dass ich es war, der sie ansprach. Sie erlebten es zu viert. Da bildete sich nicht einfach eine etwas ein. So erzählten sie wie von einer normalen Begegnung mit einem anderen Menschen.

Wer glaubt schon solchen spinnigen Geschichten von Frauen? Die Jünger reagierten verärgert auf dieses Geschwätz, als Augenzeugen der der Kreuzigung, wenn auch mit mehr Abstand als die Frauen. Sie gaben sich keinen Illusionen hin, dass ich lebendig sein könnte.

Petrus erlebte ich von Anfang an als einen unsicheren Kandidaten. Das rein Rationale war noch nie seine Sache. Er wollte überprüfen, was die Frauen gesagt hatten. Er eilte zum Grab. Trotz der Vorwarnung traute er seinen Augen nicht: Er fand es tatsächlich leer bis auf einige Leinentücher. Leer! Aber was bedeutet das? Dafür gibt es etliche Erklärungen. Man könnte sich im Grab getäuscht haben. Oder aus Sicherheitsgründen wäre der Leichnam des „Terroristen" nachts woanders hingebracht worden. Ein leeres Grab beweist nichts über Leben und Tod.

Maria, der ich die sieben Dämonen ausgetrieben hatte und die auch mir viel Liebe geschenkt hatte, erschien ich ein zweites Mal. Also sie von ihren Begegnungen erzählte, dachten die Freunde entschuldigend: Die hat schon einmal gesponnen; sie spinnt wohl wieder. Meine Jünger verharrten im Trauern, im Weinen.

Mit Petrus musste ich in Kontakt treten. Wir hatten viel miteinander erlebte und ich ahnte seine Schuldgefühle, weil er mich verleugnet hatte. Er war eben nicht der geborene Märtyrer. Doch bei unserer Begegnung zeigte er wenig Angst. Er war verunsichert, aber ihn bewegte, dass es irgendwie weiterging. Darin bestärkte ich ihn.

Bei meiner Familie verhielt ich mich vorsichtiger. Am nähesten stand mir Jakobus. Wir hatten als Kinder viel miteinander unternommen und uns als junge Männer über Fragen ausgetauscht, mit der wir uns nicht an Erwachsene wenden konnten. Auch in den späteren Jahren diskutierten wir intensiv miteinander. Er hinterfragte mich immer wieder kritisch oder brachte mich auf Ideen. Er war für mich Bruder und Freund. Gerade er konnte meiner Gruppe Impulse geben, die in meinem

Sinne waren. Freilich prägte ihn unsere Familie mehr als mich, vor allem die thoratreue Erziehung. So galt ihm die Beschneidung als unumstößliches Gesetz. Bei unserer österlichen Begegnung spielte dies keine Rolle. Da freuten wir uns von Herzen, dass wir in eine neue Art von Beziehung treten konnten. Erst später behauptete er, dass sich nur jemand zu mir zählen konnte, der sich auch beschneiden ließ. Er glaubte, in meinem Sinne zu reden, aber meine Öffnung hin zu allen Menschen, die sich nach der Gemeinschaft des Vaters sehnen, hatte er nicht mitvollzogen.

Zwei Freunden aus dem größeren Kreis meiner Anhänger in Jerusalem begegnete ich, als sie zwischen den Feldern unterwegs waren. Sie wanderten zu einem Dorf namens Emaus. Dabei kam ich mit ihnen in Ruhe ins Gespräch. Sie erkannten mich nicht und erzählten ausführlich von meiner Hinrichtung. Sie redeten von mir als dem Messias und wie ihre Erwartungen und Hoffnungen zerstört worden waren. Sie erzählten auch, dass meinen Freundinnen begegnet sei. Obwohl sie es nicht glaubten, sprachen sie davon. Sie fügten hinzu, dass einige zum Grab gegangen waren und nur die Leinentücher gefunden hätten.

Mussten sie wirklich verzweifeln? Ich sprach davon, dass nun deutlich wurde, dass ich nur ein einfacher Mensch war und alle meine Besonderheiten meine Sterblichkeit nicht beeinträchtigten. Ich unterstrich meine eigentümliche Beziehung zu meinem himmlischen Vater. Als Juden sollten sie verstehen, dass Jahwe wirklich durch mich wirken wollte und alles, was sie wussten, an diesem Maßstab gemessen werden musste: Gott zeigt seine Liebe zu den Menschen darin, dass er ganz menschlich wird. Kann er uns näher kommen als dadurch, dass er selbst vor den Qualen nicht zurückschreckt, dass er den Tod nicht scheut und dass er ganz menschlich machtlos ist? Stecken darin nicht die großen Wahrheiten vom göttlichen Vater, die sich von dem unterscheiden, was sich Menschen gerne über Gott zusammenphantasieren? Schimmert das nicht durch die großartigen Prophezeiungen von Jeremia, der vom leidenden Gottesknecht sprach? Hörten sie nicht bei Jesaja und Hesekiel die Klarheit Gottes gegenüber seinen Menschen? Zeigte nicht gerade Jesaja am Ende seiner Verkündigungen, dass Jahwe der Herr für alle Völker ist, dass es allen Völkern gut tut, wenn sie sich an ihm orientieren und dass es allen Menschen gut tut, wenn sie die Liebe als die tragende Kraft des Lebens erfuhren?

Ich verfiel ungewollt ins Predigen, so dass wir wegen der fortgeschrittenen Tageszeit im nächsten Dorf einkehrten. Einer stellte sich vor: „Ich bin Kleopas. Wir laden dich zum Essen ein."

Als wir dort saßen, schaute ich ihnen nachdenklich in die Augen. Unwillkürlich nahm ich nach meiner Gewohnheit das Brot und brach es für uns. War das wirklich so oder erlebten sie es nur innerlich mit mir? Ich zog mich zurück und überließ sie ihrer Überraschung. Sie hatten etwas Vertrautes erlebt. Nun verstanden sie unsere Begegnung neu. Kein Wunder, dass sie die paar Kilometer nach Jerusalem zurück eilten, um ihre Erfahrung mit den anderen zu teilen: „Jesus lebt! Er ist uns begegnet!"

Ich kann nicht alles einzeln erzählen, was in den nächsten Wochen abging. Besonders zündete es bei meinen Freunden, als ich bei ihrem täglichen Treffen erschien: „Shalom!" Sie erschraken: Kam da ein Gespenst? Es lässt sich physikalisch nicht beschreiben, wie diese Begegnung vor sich ging. Aber ich ließ sie erkennen, dass ich es selber war. Woran identifizierten sie mich?

Mein Freund Thomas fehlte bei meinem ersten Erscheinen im Jüngerkreis und lachte hinterher seine Freunde freundschaftlich aus: „Ihr wisst selbst, dass das nicht möglich ist. Jesus ist tot. Ich habe es erlebt. Ihr wisst es. Also..." Doch bei meinem nächsten Erscheinen vor den Freunden war er anwesend. Jetzt musste ich ihn überzeugen.

Die Fülle meines Menschseins zeigte sich an meinem Sterben. Das gehört nicht zu einem „Gott". Das ist Menschsein pur! Also hob ich meine Hände: „Schaut genau her, schau auch du her, Thomas, der du so ungläubig blickst: Ich trage an mir die Zeichen meines Todes. Du kannst deinen Augen trauen. Ich trage an meinen Händen und Füßen die Verletzungen des Freitags. Nein, sie schmerzen nicht, nein, ich werde nicht daran sterben. Ich bin bereits gestorben. Jetzt sind sie Teil von mir wie der Nabel als Überbleibsel der Geburt." Würde Thomas mich austesten? Nein, ihm reichte, was er sah. Die Frauen hatten erzählt, sie hätten mich gesehen, sollten mich aber nicht anfassen. Ihm reichte es, mir begegnet zu sein als der, der ich ganz am Schluss war.

Nach dieser besonderen Art der Begegnung vergewisserten sich meine Jünger gegenseitig: Jesus ist auferstanden und gehört zu uns!

Es war eine Zeit der dichten, beispiellosen Erfahrungen.

9.3 Mein Geist und meine Freunde

Diese ersten Begegnungen nach meinem Tod waren etwas Besonderes. Es lag so wenig Zeit zwischen der alten und der neuen Situation, in der sich die Welt total änderte. Mein Tod wirkte für meine Freunde zunächst wie ein kurzer Rückzug meinerseits. Sie hatten die Realität meines Sterbens am Kreuz knallhart miterlebt, manche sogar meine Bestattung: Das ließ die neuen Begegnungen irreal erscheinen. Die Realität erschien ihnen verständlicherweise irreal. Wie soll man die Begegnung mit einem Auferstandenen verkraften? Freilich verschwand die Angst, verrückt zu sein, als andere von ähnlichen Erlebnissen erzählten. Meine Freunde und ich hatten uns wiedererkannt. Alles schien „weiterzugehen".

Aber die anscheinend zurückgekehrte Vertrautheit änderte sich. Wenn ich erschien, trugen sie in sich noch eine visuelle Vorstellung von mir. Ihre lebendigen Erinnerungen mussten allmählich der neuen Art der Begegnung weichen, sich ändern. Meine Freunde änderten sich. Und ich? Natürlich „alterte" ich nicht auf irdische Weise, aber für mich war alles anders! So musste eine neue Phase beginnen. Ohnedies begegneten wir uns spirituell. Unsere neue Realität ließ sich nicht mit irdischen, vergänglichen Maßstäben messen, obgleich sie irdisch erfahren wurde. Die nächste Phase musste eine geistige sein.

Wie sollte das geschehen? Prinzipiell änderte sich gar nichts. Die Phase der geistigen Begegnung begann

176

bereits mit meiner „Auferstehung". Nun hieß es, Abschied von sinnlichen Wahrnehmungen zu nehmen. Ich musste in meiner körperlichen Präsenz aus ihrem Leben verschwinden, ohne ganz zu verschwinden. Die Beziehung müsste sich neue Wege bahnen.

Wie konnte ich ihnen das erklären? Schwierig... Auch sie verstanden das Problem. Aber wie verstünden sie die Lösung? Ich schickte sie auf den Weg: Es wird sich im Tempel ändern. Besucht den Tempel. Wenn ihr euch am Erntefest, am Schawuot trefft, werdet ihr eine besondere Erfahrung machen.

Der Schawuot, fünfzig Tage nach Pessach erinnert an den Empfang der zehn Gebote durch Mose. In dieser Festzeit sollten meine Schüler eine neue Erfahrung machen, eine neue Erfahrung mit mir.

Vor dem Neuen musste das Alte beendet werden, sie mussten mich in gewisser Weise noch einmal beerdigen. Auf sie wartete eine zweite Erfahrung des Endes. Die Formel „Erde zur Erde, Asche zu Asche, Staub zum Staub" macht deutlich: Es ist wirklich zu Ende mit dem Leben. Beim diesem neuen Abschied von mir ging es nicht um die Erde, sondern um den Himmel. „Himmel zum Himmel"? Statt „Beerdigung" „Behimmligung"?

Setzte die Auferstchung den Tod außer Kraft? Das tat sie nicht. Ich wurde niemals älter als zum Zeitpunkt meines Todes. Ich versteinerte auch nicht in jenem Zeitpunkt. Mein Leben wurde nicht bei jenem Zeitpunkt „angehalten" wie ein Film. Mein Leben war komplett zwischen Zeugung und Tod aufgehoben. Auferstanden war mein Leben als Lebenszeit, die ganze Spanne. Dass meine Freunde mich wahrnahmen wie bei unserer Verabschiedung lang an den Umständen. Zwischen Tod und Erscheinung verging nur wenig Zeit. Für sie musste sich die Bedingung „Optik" ändern. Meine Begegnungen dieser direkten Art mussten aufhören und etwas Neues an die Stelle treten.

Ich musste einen Punkt schaffen, wo unsere bisherigen Beziehungsformen zu einem Ende kamen und sich etwas Neues anbahnte. Unsere Begegnungen ergaben eine Kontinuität. Meine Freunde wussten: Der Tod hatte nicht das letzte Wort gesprochen. Zugleich entsprach dies nicht ihrem Alltag.

Manche glaubten, unmittelbar jetzt begänne das Reich Gottes und ersetze die Gegenwart. Manche glaubten, sie würden nicht sterben, sondern hinein gehen in das neue Reich oder besser: Das neue Reich Gottes käme zu ihnen und statt einer Auferstehung gäbe es für sie eine Verwandlung in ein ewiges Leben. Ihre Hoffnungen und Vorstellungen wirkten auf mich sehr unausgegoren.

Doch durch meine Auferstehung wurden die Menschen nicht unsterblich. Die Erwartung, jetzt würde die Vergänglichkeit verwandelt werden in das unvergängliche Leben mit Gott war unrealistisch. Also bereitete ich diesen „Begegnungen" durch eine eindeutige Erfahrung ein Ende.

Ich führte sie vor die Tore Jerusalems bis nach Bethanien. Sie scharten sich im Halbkreis um mich. Ich blickte jedem in die Augen, legte ihm liebevoll die Hände auf und gab ihm den Abschiedssegen. Sie sollten mich noch einmal spüren. Spirituell spüren? Geht das überhaupt? Ja, es geht.

Wir standen auf einem Bergkamm. Nebel zog auf und ich zog mich zurück. Wenn der dichte Nebel verschwunden wäre, wäre auch ich verschwunden. Ich hatte sie darauf vorbereitet: „Nach diesem Tag werdet ihr mich nicht mehr sehen. Ihr werdet eine neue Erfahrung mit mir machen. Aber diese Tage zwischen Himmel und Erde sind zu Ende."

Nebel umgab sie. Dann war der Blick wieder frei. Mich sahen sie nicht mehr. Wie ich ihnen gesagt hatte: Jetzt war Schluss! Es gab erst einmal keine Begegnungen mehr. Die Trauer musste real werden. Der Tod musste als Trennung ernst genommen werden.

Für Schawuot hatte ich Neues verheißen.

9.4   Meine Gegenwart

Dieses „Auflösen" verstörte meine Jünger. Die Verheißung verwirrte sie. Ziemlich durcheinander wanderten sie von Bethanien nach Jerusalem zurück. Erst durch viele Gespräche verstanden sie die neue Situation. Nun suchten sie eine besondere Nähe zu Gott, dem Herrn. Täglich gingen sie in den Tempel und sangen ihre Psalmen.

Gehört das noch zu meinem Leben? Ja, alles gehört zu meinem Leben. Auch jetzt! Auch dein „Jetzt". Ich bin nicht tot!

Was geschah mit mir bei Bethanien? Oft höre ich die Frage: „Was ist da mit dir passiert?" Was soll ich sagen? Phantastisch war es! Aber selbst mit Phantasie erfasst niemand an meine Wirklichkeit. Mit einem sehr angenehmen Gefühl verließ ich die Weise, auf die ich gelebt hatte. Das Unglaubliche: Ich konnte mich noch spüren. Ich konnte mich noch wahrnehmen. Ich konnte sogar die Welt, an der ich teilgenommen hatte, in mich aufnehmen. Sehen, hören, schmecken, fühlen, riechen... das alles trifft es nicht, aber meine Wahrnehmung umfasst diese Wirklichkeit. Wo und wie? Diese Fragen gehören auf die Erde oder in die Physik. Wenn ich hier „Erde" sage, meine ich das ganze Universum. „Himmel" ist nicht Teil des physikalischen Universums. Wer versucht, mich zu verstehen, soll meditieren. Was für euch – und für meine Zeit auf Erden – das Universum ist, das ist für mich die Liebe. Ich lebe in der Liebe. Das könntet ihr vielleicht verstehen. Zur Liebe gehört, sich gegenseitig zu spüren. So konnte ich immer wieder meine Jünger spüren und sie mich. Ich konnte auch Menschen spüren, die erst viel später irgendwo anders lebten und sie konnten mich spüren. Aus irdisch-zeitlicher Sicht, aus eurer Sicht gab es mich auch in meiner Zukunft. Aber für mich existieren diese Zeitbegriffe nicht. **Ich bin ich so wie ich war**.

Bei meinen Jüngern ging die Geschichte anders weiter. Meiner Weisung gemäß versammelten sie sich im Tempel, auch am Erntefest. Sie nahmen an ihrem jüdischen Leben intensiver teil als in Galiläa. Im Tempel konzentrierte sich die Anwesenheit des HERRn in dieser Welt, auch wenn die Herren dieser Welt immer noch mitmischten. Dort hinein kam ich. Sie spürten meine Gegenwart auf eine neue Weise, ohne etwas Visuelles wahrzunehmen.

Brannte es in ihrer Brust? Brannte es im Herzen? Oder gar im Denken? Ich brannte in sie ein: „Geht auf die Menschen zu, die suchend hier im Tempel ankommen! Sprecht mit ihnen, erzählt ihnen die Botschaft der Liebe des Herrn auch zu ihnen!"

Sie erzählten. Zu ihrem Erstaunen wurden sie hervorragend verstanden. Mit vielen Menschen trafen sie sich in den nächsten Tagen öfters, bildeten kleine Gruppen. Gefühlt versammelten sich hunderte, wenn nicht gar tausende von Menschen bei ihnen.

„Ihr wollt dazu gehören?" Viele, die sich neu an die Gruppen hielten, fragten nach dem gemeinsamen Zeichen, der Aufnahme in die Gruppe. Jeder kannte die Beschneidung. Jeder wusste von der jüdischen Mutter. Aber die Zugehörigkeit zu den Jüngern Jesu? Wie könnte das geschehen?

Meine Freunde erinnerten sich an unsere Anfangszeit, an Johannes: Die Taufe signalisierte einen Neuanfang. Das passte. So wurde die Taufe schnell zu einem Erkennungszeichen, dem Signum zwischen ihnen und den Hinzugekommenen. Außenstehende kommentierten: „Schaut, das sind die, die sich zum Propheten Jeshua halten." Andere betonten, dass ich der verheißene Christus sei. Manche spotteten, der Messias könnte wohl kaum am Kreuz gestorben sein. Das würde der Gott Abrahams, Isaaks und Jakobs nicht zulassen. Sie verlachten die Anhänger dieses „Christos" und versahen sie mit dem Spitznamen „Christen". Meine Jünger übernahmen ihn bald für sich.

War ich gar „Gott"? Zu „Gott" machte mich ihr Vertrauen. Zu Gott machte mich meine Stellung in ihrem Leben. Ich bin Gott – für sie, durch sie, bei ihnen.

Ich schließe hier. Die vielschichtige Folgegeschichte durch zwei Jahrtausende und über alle Kontinente kann und will ich nicht erzählen. Aber ob sich jemand zu Recht auf mich berief oder nicht, lässt sich an seinen Worten und Taten erkennen. Dafür gibt es zwei Kriterien: Zum einen stellte ich an erste Stelle das Erleben der Liebe des Vaters, zum anderen gehört dazu, sein eigenes Leben an Liebe zu orientieren.

Ich habe noch viel zu sagen. Aber ich bin auch oft zu hören. Wer Ohren hat, zu hören, der höre…

10 Erzählende Bilder

Der Anfang: „Wir müssen reden…."

Am Ende: Die Frauen tragen die Geschichten weiter…

11 Dieses Buch und ich: Valeria Szebinski

Ja, ich bin stolz darauf, dass ich dieses Buch schreiben durfte. Nein, ich kann mir nichts darauf einbilden.

Es lief so ab: Ich arbeite als Informatikerin in einem mittelständischen Unternehmen. Ein Kollege brachte ein Prospekt mit: Urlaub in Israel. Die Bilder animierten mich. Das Programm ebenfalls: In kurzer Zeit konnte man viel sehen unter fachkundiger Führung.

Die Reise fand außerhalb der Ferien statt. Ich musste meine Familie zu Hause lassen. Aber das kennen die.

Hier ist nicht der Ort für ein Reisetagebuch. Ich sage nur: Die Gesellschaft war gemischt. Jerusalem, Kapernaum, Bethlehem, Qumran, das Tote Meer, ein kompaktes Programm. Und ja, ich habe im See Genezareth gebadet, und ja, ich bin auf dem Toten Meer geschwommen.

Abends gab es oft nette Angebote, vor allem um Essen zu gehen. Aber manchen Abend zog ich mich in mein Einzelzimmer zurück, mit einer Flasche heimischen Weins und las etwas, schrieb Tagebuch oder surfte im Internet. Und ja: Manchmal skypte ich auch mit meinem Mann.

Einen Abend werde ich nie vergessen. Wir übernachteten bei Kapernaum. Nachmittags war ich im See Genezareth geschwommen, abends gab es „witziger Weise" Fisch. Den Abend wollte ich für mich haben. Ich setzte mich entspannt mit einem Glas roten Weins, der nur in dieser Atmosphäre so gut schmeckt, zum Tagebuchschreiben an mein Notebook. Da sprach mich jemand an.

Halt! Das konnte nicht sein. Ich saß allein auf meinem Balkon. Die Luft war mild, Stille ringsum. Wer hatte mich angesprochen? Ich war weder verängstigt noch verärgert, aber als ich mich umschaute, entdeckte ich niemanden. Wer könnte mich hier angesprochen haben. Doch noch einmal erklang „Valeria". Ich schüttelte den Kopf, als wollte ich etwas abschütteln. Aber ich wusste: Jemand hatte mich angesprochen. Nur konnte ich nicht feststellen, wer es war oder wo er war. Und nein: Es kam nicht von meinem Notebook. Ich war offline.

„Wer sind Sie?" Ich bevorzuge im Zweifelsfall die Offensive.

„Valeria, du musst jetzt Geduld mit dir haben. Ich sage dir etwas, das du dir nicht vorstellen kannst, das du nicht glaubst, aber das du erlebst."

Ich sagte nichts. Nur etliche unsichtbare „???" flimmerten durch die Luft.

„Valeria. Du bist in Kapernaum - in meiner Stadt. Und ich habe überlegt, ich muss meine Geschichte noch einmal selbst erzählen. Es gibt so viele, die darüber schrieben, mehr oder minder gut informiert. Aber selbst die, die etwas erlebt hatten, könnten meine Sicht nicht schreiben."

„Ich verstehe nur Bahnhof!" stammelte ich, „Wer sind Sie? Wo haben Sie sich versteckt? Warum lassen Sie sich nicht sehen?"

Lachte er? Ja, aber es war ein halb belustigtes, halb verständnisvolles Lachen. „Valeria, du kannst mich nicht sehen und es würde dir auch nicht gut tun. Es reicht, wenn du mich hörst. Es reicht vor allem, wenn du mich verstehst, denn ich habe einen Auftrag für dich!"

„Einen Auftrag? Im Urlaub? Soll ich Kapernaum-Live programmieren oder was könnte das sein?" Ich wusste schon, dass ich überhaupt nicht beim Thema war. Es sollte auch eher ein Scherz sein.

„Valeria, ein bisschen erinnerst du mich an meine Maria. Aber pass auf: Ich will meine wichtigsten Geschichten und Gedanken schreiben – genauer: Ich will sie schreiben lassen. Und zwar von dir. Ich habe gemerkt, du kannst zuhören. Ich habe gemerkt, Du schaust alles kritisch an, aber zugleich versuchst du, zu verstehen. Und du kannst schnell schreiben." Er lachte.

Ich aber wurde ärgerlich: „Wer sind Sie? Wie kommen Sie dazu, so mit mir zu reden."

Seine Stimme wurde ernst. Was er sagte, schockierte mich. Nicht, dass es so schlimm war. Nein, ich hörte etwas, dass ich nicht glaubte. Aber ich hörte es. Ein Gläschen Wein macht einen nicht betrunken. Auch sonst neigte ich nicht zu Halluzinationen. Aber ich hörte klar und deutlich und in der Sprache, die ich verstand: „Valeria, Du ahnst es längst: Ich bin Jesus. Ich möchte zu dir reden. Nicht mit dir, sondern zu dir. Ich möchte, dass du meine Geschichten aufschreibst. Und ich möchte, dass du sie dann veröffentlichst. Du hast schon Romane geschrieben. Diesmal schreibst du wahre Geschichten. Diesmal schreibst du meine Geschichten!"

Ich war sprachlos. Ich war stumm. Ich...

Das Erstaunlichste war: Ich zweifelte nicht mehr daran, dass ich das jetzt erlebte. Erstaunlicherweise spürte ich: Jesus ist anwesend. Er spricht zu mir.

Nein, dies passte nicht zu meinem religiösen Leben, auch nicht zu meiner religiösen Herkunft. Aber es war Wirklichkeit. Überraschend, befremdend, aber real. Ich wusste, dass ich in meinem Bekanntenkreis, ja selbst in meiner Familie das nicht erzählen dürfte. In meinen Kreisen fällt so etwas unter religiösen Wahn.

Nein, ich habe versprochen, kein Tagebuch zu schreiben. Es ging locker, aber langwierig von statten. Jesus diktierte mir. Manchmal korrigierte er sich sogar Tage später. Es war recht unterhaltsam, aber zugleich stressig. Jesus wollte nichts von mir, er wollte, dass ich schreibe, dass ich zuverlässig schreibe. Keine Ahnung, weshalb er mich nahm. Andererseits, irgendjemand musste er ja nehmen. Ich war jemand, der kompetent war, sich nicht sträubte, ihn mangels Vorwissen bestimmt nicht über sein Leben oder seine Aufgabe belehrte und ich war – das war das einzige, was er mir sagte – jemand, der ihn überhaupt hörte.

Natürlich reichte die Nacht in Kapernaum nicht aus. Auch zurück in Jerusalem wurde er nicht fertig, Qumran und das Tote Meer bildeten nur einzelne Kapitel. Das meiste diktierte er mir in München. Monaco, eine Stadt der Mönche! Nein, das spielte keine Rolle. Aber meine Familie wunderte sich schon, wie oft ich mich abends zurückzog, um noch ein bisschen nachzudenken und zu schreiben. Wenn die geahnt hätten, dass Jesus mir im Nebenzimmer seine Geschichten erzählt... Sie hätten mich vermutlich nach Haar gebracht und psychiatrisch betreuen lassen. Aber sie bekamen es nicht mit. Sie merken es auch jetzt nicht, denn meine

Leser wissen, dass ich unter einem Pseudonym schreibe. Das sollte zwar ursprünglich nur meine Privatsphäre schützen, aber jetzt war es extrem nützlich.

Ich könnte noch stundenlang schreiben. Das bin ich ja inzwischen gewohnt. Aber das Wichtigste ist gesagt: So lernte ich Jesus kennen und so kam ich zu dem Auftrag. Warum ich? Warum jemand aus einem in diesem Zusammenhang unbedeutenden Land? Ja, Dr. Luther, ich weiß, aber der ist doch auch nur eine Marginalie. Jesus lächelte vermutlich – ich konnte es ja nicht sehen -, als er mir erklärte: „Weißt du, Valeria, wer aus Nazareth kommt, kann auch was über Deutschland laufen lassen und München ist immerhin nicht ganz so provinziell – denkt man zumindest in Deutschland."

Überzeugte mich das? Völlig aus der Luft gegriffen war es nicht: Warum sollte die Welt an jemanden glauben, der aus Nazareth kam, aus einem Kaff im Nahen Osten? Da konnte er auch eine Biographin aus München haben, noch dazu eine, die vom Land kommt., aus dem Dorf Levis. Oder ist dies das Missing Link?

Ich sage nur eins: Jesus ist großartig. Ich vermisse die Nächte mit ihm. Ich lese die Geschichten immer wieder und stelle mir dabei seine warme Stimme vor. Egal, was andere sagen: Für mich hat Jesus eine göttliche Stelle in meinem Leben eingenommen. Das hat sogar mein Mann akzeptiert.

Der Glaube ist das Tau, das Himmel und Erde verbindet.

Stichwort- und Namensindex

Abraham 59, 60, 103
Adonai 8, 36, 134, 146
Angst 5, 32, 67, 80, 95, 107, 110, 113, 138, 144, 151, 152, 155, 156, 158, 160, 165, 168, 172, 173, 176
Arzt 51
Atom 19
Auferstehung 30, 92, 139, 140, 141, 177, 178
Aussatz 43, 44, 98
Bakschisch 50, 119
Balken 68, 165
Bar Mizwa 7, 8, 144
barmherzig 81
Barmherzigkeit 57, 79
Beelzebub 89, 102
Befreiung 36, 60, 88, 153, 157
beten 65, 67, 156
Bethsaïda 79, 99
blind 64, 100
Blinde 86, 100
Blinden 35
Brot 19, 20, 54, 65, 66, 85, 97, 120, 153, 154, 164, 175
Brunnen 68
Buddha 17
Charismatiker 133
Dämonen 32, 33, 34, 41, 89, 101, 102, 133, 173
David 20, 72, 73, 103, 129, 130, 133, 134, 140, 152
Donnersöhne 53, 125
Elia 91, 103, 108, 109, 133, 169
Elias 108, 134
Ezechiel 120, 126

Familie 8, 28, 35, 59, 75, 82, 88, 89, 90, 91, 97, 101, 141, 161, 173, 182, 184
fasten 18, 53, 64
Fasten 53
Feigenbaum 60, 84
Feind 67, 139, 143
Fisch 27, 66
Franziskus 17
Frieden 66, 67, 68, 142, 143, 144
Früchte 54, 56, 60, 77, 78, 84, 85
Galiläa 9, 79, 83, 84, 91, 92, 96, 99, 104, 106, 115, 117, 133, 154, 156, 158, 167
Gebote 80, 116, 143
Geburt 7
Geist 31, 32, 35, 36, 87, 97, 102, 112, 113, 139, 156, 176
Geister 32, 87
Gentechniker 19
Gerasa 86
gerecht 66, 134
Gerechten 51
Haus 30, 46, 47, 48, 68, 72, 76, 86, 88, 89, 97, 110, 111, 121, 123, 136
Herakles 16
Herodes 15, 92, 142, 143, 145
Hippos 87, 88
Hitler 17
Hohepriester 106, 160, 161, 165
Hunde 97
Jaïrus 110, 111
Jakob 109

Jakobus 7, 27, 28, 34, 52, 69, 90, 108, 111, 125, 154, 155, 170, 173
Jeremia 130, 174
Jericho 80, 93, 117, 119
Jerusalem 8, 11, 20, 23, 45, 50, 79, 80, 81, 93, 96, 98, 105, 106, 107, 116, 117, 119, 129, 130, 134, 135, 137, 139, 144, 146, 153, 162, 163, 167, 182, 184
Jesaja 35, 56, 103, 125, 137, 174
Johannes 2, 10, 11, 12, 13, 14, 15, 18, 22, 26, 27, 28, 34, 52, 53, 56, 92, 103, 108, 109, 111, 115, 124, 125, 155, 180
Joseph 8, 9, 36, 90, 171
Judas 90, 144, 157
Jünger 15, 47, 53, 54, 56, 91, 103, 120, 131, 132, 137, 172, 173, 176
Kamel 117
Kapernaum 23, 24, 30, 79, 89, 90, 182, 183, 184
Kind 8, 24, 40, 48, 66, 75, 91, 99, 112, 113, 115, 170
Kinder 8, 36, 38, 52, 58, 97, 115, 116, 117, 119, 138, 140
klonen 19
König 20, 129, 130
Kranke 29, 90, 133
Kreuz 16, 106, 135, 164, 165, 167, 168, 169, 170, 171
Lazarus 58, 59
Legion 87
Lepra 44, 45, 96, 98
Levi 50, 52, 113

Liebe 14, 22, 32, 38, 41, 42, 43, 49, 52, 65, 66, 67, 84, 95, 96, 162, 174, 179, 180
Macht 10, 17, 20, 23, 35, 36, 54, 65, 104, 105, 116, 124, 129, 130, 132, 133, 135, 138, 142, 144, 157, 159, 161, 162, 163, 164, 167
Magdala 31, 38, 39, 41, 171
Maria 31, 38, 39, 40, 41, 42, 43, 90, 92, 93, 94, 170, 171, 173, 183
Martha 4, 92, 93, 94, 137
Menschensohn 73, 106, 121, 134, 157, 160
Messias 10, 37, 103, 106, 107, 125, 127, 130, 133, 134, 143, 160, 162, 168, 174, 180
Mirjam 39
Mose 39, 59, 60, 108, 109, 118, 160, 177
Mutter 7, 9, 30, 55, 89, 90, 94, 111, 170, 171
Nain 90
Nazareth 1, 9, 10, 32, 34, 35, 38, 48, 57, 90, 94, 108, 123, 134, 167, 185
Ödipus 9
Olivenbaum 40, 41, 60
Petrus 29, 30, 81, 83, 99, 106, 130, 154, 155
Pharisäer 11, 13, 34, 53, 54, 56, 61, 62, 69, 71, 72, 89, 100, 127, 132, 140, 141, 142, 143, 146, 154, 170
Pontius Pilatus 135
Propheten 34, 35, 36, 57, 59, 60, 97, 100, 103, 105, 106, 120, 121, 130, 133, 136, 137, 160
Rabbi 31, 140

Reich Gottes 22, 24, 25, 50, 53, 57, 60, 64, 65, 81, 85, 86, 96, 103, 104, 117, 121, 122, 126, 127, 145, 149, 178
reicher 58, 63, 117, 147
Reichtum 116, 117
Römer 39, 46, 50, 68, 87, 102, 116, 127, 129, 130, 134, 135, 143, 144, 154, 161, 164
Sacharja 131
Sadduzäer 140, 141
Samarien 79
Scheideweg 16
Schlange 18, 27, 66
Schöpfung 9, 19, 102, 127
Schreiner 10
Schüler 52, 72, 78, 83, 91, 92, 101, 111, 117, 131, 177
Schweine 75, 88
Schweitzer 17
Selig 57, 58, 85
Seligpreisungen 57, 58
Simon 25, 26, 27, 28, 29, 30, 34, 41, 42, 43, 52, 82, 90, 103, 108, 109, 111, 125, 151, 157, 158, 165
Simon von Kyrene 165
Sorgen 75, 94, 95, 96, 110, 144
sozial 51
Sturm 106, 107
Sünder 12, 56, 61, 84, 85, 120, 162

Synagoge 31, 33
Synhedrion 161, 162
taubstumm 98
Taufe 11, 13, 15
Tempel 8, 20, 129
Tiberius 144, 161
Tod 15, 22, 37, 55, 70, 84, 92, 95, 112, 117, 138, 139, 141, 155, 156, 160, 165, 166, 169, 171, 172, 173, 174, 176, 177, 178
Toten 45, 59, 60, 91, 109, 170, 171
Tränen 40, 41
Vater 7, 8, 9, 10, 14, 15, 17, 20, 22, 28, 48, 54, 55, 59, 61, 62, 63, 64, 65, 66, 67, 73, 74, 75, 76, 95, 102, 108, 109, 111, 112, 113, 116, 134, 146, 149, 150, 156, 157, 162, 168, 174
Vergebung 35, 48, 66, 81, 154
Vögel 14, 77, 78, 79, 95
Wehe 58
Wein 19, 43, 54, 80, 85, 153, 154, 155, 166, 183
Weinstock 60
Witwe 62, 63, 90, 140
Wunder 24, 29, 30, 129
Wüste 10
Zachäus 119, 120, 121
Zebedäus 28, 53, 125
Zöllner 50, 61, 106, 119